迈向文化高质量发展之路

温州市公共文化服务创新案例汇编

温州市文化广电旅游局 编

中国财富出版社有限公司

图书在版编目（CIP）数据

迈向文化高质量发展之路：温州市公共文化服务创新案例汇编／温州市文化广电旅游局编．—北京：中国财富出版社有限公司，2020.7

ISBN 978-7-5047-7197-1

Ⅰ.①迈… Ⅱ.①温… Ⅲ.①公共管理－文化工作－案例－温州 Ⅳ.①G127.553

中国版本图书馆 CIP 数据核字（2020）第 128868 号

策划编辑	李　丽　崔晨芳	责任编辑	戴海林　栗　源　崔晨芳		
责任印制	尚立业	责任校对	孙丽丽	责任发行	杨　江

出版发行	中国财富出版社有限公司		
社　　址	北京市丰台区南四环西路 188 号 5 区 20 楼	邮政编码	100070
电　　话	010-52227588 转 2098（发行部）		010-52227588 转 321（总编室）
	010-52227588 转 100（读者服务部）		010-52227588 转 305（质检部）
网　　址	http://www.cfpress.com.cn	排　　版	宝蕾元
经　　销	新华书店	印　　刷	天津市仁浩印刷有限公司
书　　号	ISBN 978-7-5047-7197-1/G·0736		
开　　本	710mm×1000mm　1/16	版　　次	2020 年 9 月第 1 版
印　　张	18.25	印　　次	2020 年 9 月第 1 次印刷
字　　数	262 千字	定　　价	89.00 元

版权所有·侵权必究·印装差错·负责调换

序言

创新公共文化服务体制机制和内容方式

最近，中共浙江省委常委、温州市委书记陈伟俊作出重要批示："文化是城市的灵魂，是最核心、最持久的竞争力。我市要以创建公共文化服务体系示范区为契机，走出一条推动高质量发展的创新之路。各级各部门要继续发力，进一步形成政府主导、各级联动、社会参与、全民携手的工作合力，开创温州文化建设新局面。"近些年来，温州市委、市政府深入贯彻"八八战略"，高度重视文化建设，先后作出了关于推进文化大市、文化强市和文化温州建设的战略部署，不断推动文化的繁荣兴盛，使社会主义核心价值观更加深入人心，文化体制机制不断健全，公共文化服务体系日益完善，文化产业不断发展壮大，全市人民的文化素质不断提升。文化的繁荣兴盛，不仅有效地丰富了人民群众的文化生活，而且发挥了先进文化的"支撑"和"引擎"作用，激发、凝聚了全市人民从事改革开放和现代化建设的智慧、热情和勇气。

公共文化服务体系建设既是文化建设的重要内容，也是政府公共服务的重要组成部分。温州市不断加大公共财政投入，创新公共文化服务体系建设机制和运作机制、服务内容和方式，公共文化服务体系建设扎实推进，公共文化服务设施网络不断完善，公共文化服务水平和能力快速提高。2018年，温州市启动第四批国家公共文化服务体系示范区创建工作，进一步加快提升温州公共文化服务水平、城市品位和美誉度，使公共文化服务体系建设成为以"温州之窗"展示"中国之治"的重要内容。

公共文化服务乃保障公众基本文化权利，满足公众基本文化需求的文化服务。而公共文化服务体系，则是以满足公众基本文化需求、保障公众基本文化权利为目标的公益性或以公益性为主的各类公共文化机构和社会组织及其所提供的文化服务的总和。改革开放以来特别是进入21世纪以来，随着经济结构、社会结构、城乡结构、消费结构变化步伐的显著加快，人民群众精神文化需求迅速增长，呈现出多方面、多层次、多样性等特点，为公共文化服务体系建设注入了新动力，对公共文化服务提出了更高的要求。

长期以来，我国存在人民群众日益增长的精神文化需求与公共文化服务发展不均衡不充分之间的矛盾。破解这一矛盾，不仅要求政府加大公共财政投入，更重要的是必须聚焦于两大主题、破解两大难题：其一是如何推进公共文化服务的均等化；其二是如何提高公共文化服务的生产与供给效率以及品质。公共文化服务的"均等化"与"效率"具有相辅相成的一致性。一方面，正如阿瑟·奥肯所说，"对平等是好的事物，对效率可能也是好的""更大的机会均等会带来更大的收入平等……机会的不均等肯定增加收入的不均等"。公共文化服务的"普惠"性质，决定了如果其不能有效地实现均等化，那么其本身就意味着一种"无效率"。这也意味着在公共文化服务领域，均等化本身就是衡量效率的一种标准。另一方面，公平必须以效率为前提，必须"在一个有效率的经济体中增进平等"。抛开效率的所谓的均等化，不仅是没有意义的，也是不可能实现的，只有不断丰富公共文化产品和服务品种、数量和方式，才能有效地推动公共文化服务的均等化。在这一意义上，也可以说，增进公共文化服务生产和供给的效率，是推进公共文化服务均等化的前提。这种相辅相成的一致性意味着，公共文化服务的均等化和效率这两个问题的解决，都与创新文化投入方式、公共文化设施与服务运作机制、管理机制，构建市场经济条件下公共文化服务发展新模式有关。

推进公共文化服务的均等化，提高公共文化服务的生产与供给效率以及品质，重在公共文化服务的标准化，难在社会化。公共文化服务标准化的重要意义在于，它不仅是促进公共文化服务均等化的有效方法和手段，而且是提升公共文化服务效率的重要途径。建立基本统一的服务标准体系，是推动基本公共文化服务均等化的重要举措。实现基本公共文化服务均等化，推动公共文化服务标准化是关键。"标准化"不仅是促进"均等化"的方法和手段，而且具有提升公共文化服务效能的功能，有助于克服政府和部门管理的随意性。而公共文化服务的社会化则在于，通过引入市场机制和社会力量，优化公共文化服务的微观主体，弥补政府与市场的不足或功能缺陷，把政府权威与市场交换的功能优势有机地组合在一起，实现公共文化产品和服务从传统的单中心提供模式向多中心、多层次、协同合作的提供模式转变，以解决政府在公共文化领域投入不足、管理不善、资源浪费、效率低下等问题，形成更优的公共文化服务体系建设模式，从而更有效地推动公共文化服务均等化，更好地保障人民的基本文化权利。

近年来，温州市各地不仅普遍加大了公共文化服务领域的投入，大力推动标准化建设，推动公共文化服务均等化，而且在优化公共文化服务治理结构尤其是在促进公共文化服务发展过程中借助市场机制、引入社会力量，实现政府与市场、社会的多元合作、互动互补等方面也进行了积极的尝试和探索，积累了不少符合市场经济发展规律和政府转换职能要求的转变公共文化领域投入方式、创新公共文化设施与服务管理和运作机制的经验。与此同时，温州市各地还从自身实际出发，在公共文化服务的设施扩容扩面、精准服务、品牌创建、文旅融合等方面进行积极探索与实践，从整合公共文化服务资源、完善服务网络、创新服务机制、增加服务手段、丰富活动形式等方面入手，积极尝试创新公共文化服务内容和方式，建立以公众需求为导向、优质高效、普遍均等的新型城乡公共文化服务机制，形成城乡公共文化产品和服务"超市式"供给、"菜单化"服务的模式，满足公众基本文化需求，保障公众基本文化权利。

一是立足制度创新，实现公共文化服务由实践推动向理论与实践推动并重转变。温州市贯彻落实《中华人民共和国公共文化服务保障法》，建立和完善了政策法规支撑体系、绩效考核评估体系。开展"温州市推进公共文化服务城乡一体高质量发展"研究，试水公共阅读空间"城市书房"的标准化建设，并入选第六批社会管理和公共服务综合标准化试点项目，使公共文化服务体系建设指标化、标准化、项目化、规范化、制度化。

二是提高利用率，实现文化设施从以"建"为重点向"建、管、用"并重转变，积极构建"城市15分钟文化服务圈"和"农村30分钟文化服务圈"。一方面，温州市创新总分馆制建设模式，"城市书房"实现了总分馆公共布局、环境和服务的转型升级，改变了城市以"高大上"的中心图书馆为重点的建设格局，引领了我国城市公共阅读空间的发展方向。"文化驿站"总分馆制的新型模式，突破了以往总分馆制体系在体制内运行的惯性，体现了公共文化服务中政府主导、社会参与、全民共享的理念。另一方面，温州市以文艺作品创作、文艺人才培养、文化活动普及为手段，以基层综合性文化中心为阵地，以乡村艺术团为惠民服务新抓手，以文化驿站向美丽乡村拓展延伸为重点，激活乡村振兴文化动力。

三是提高满意率，实现公共文化供给从"单向输送"向"双向互动、供需对接"的转变。温州市继续加大"送"文化的力度，每年组织送讲座、展览、演出、图书下乡等各类下基层服务。同时，改变单向输送的方式，健全公共文化需求表达与共商机制，开展文化需求和满意度调查，实行有针对性的配送；扶持群众自办文化，通过公共文化服务从"向基层送文化"到"在基层种文化"的根本转变，打通公共文化服务"最后一公里"，实现基层群众文化自给，让更多的人成为群众文化的主角，保障群众文化发展权。

四是提升数字化水平，实现文化服务形式从"传统型"向"数字型、科技型"的方向转变。温州市通过搭建满足群众文化消费、文化服务的一站式云平台，利用信息互联网传播的快捷性、时空的全域性、资源的共享性、实时的交互性，大力推进了文化传播手段与机制的创新，加强了文化数字化建设，深入实施文化共享工程，推动建设了"网上图书馆""网上博物馆""城乡艺网数字文化馆"等覆盖面广、方便快捷的数字文化服务网络，大力扩大和提升了全民艺术普及的辐射面和普惠性。

五是提高参与性，实现公共文化服务从"以政府为主体"向"以政府为主导"转变。一方面，温州市建立健全财政对公共文化服务投入的稳定增长机制，积极研究出台相应的地方政策法规，强化公共文化投入的约束机制。整合全市优质文化活动资源，将其纳入文化温州活动点单平台，以群众"点单"、精准配送的方式开展服务。另一方面，温州市运用政策引导、舆论导向、表彰奖励、典型示范等手段，鼓励和扶持各种社会力量广泛参与公共文化服务体系建设，逐步形成了政府主导、社会广泛参与的文化惠民新格局。

温州市的这些做法和经验，指出了市场经济大背景下中国公共文化服务的发展方向，对于浙江全省乃至全国探索公共文化服务体系建设规律，破解市场经济条件下公共文化服务发展难题，形成"政府主导、市场化运作、社会力量参与"的更优公共文化服务治理结构和更优公共文化发展模式，提高公共文化产品和服务的生产和供给效率，更有效地保障公众基本文化权利，满足公众基本文化需求，具有重要的参考和借鉴意义。温州创新公共文化服务体系建设投入方式和运行体制机制、公共文化服务内容和方式的实践，为文化浙江建设提供了堪称典范的温州样本，为以"温州之窗"展示"中国之治"、为浙江成为新时代全面展示中国特色社会主义制度优越性的重要窗口做出了重要贡献。

陈立旭
2020 年 8 月 18 日于杭州溪畔花园

（作者系中共浙江省委党校副校长、教授，国家"万人计划"哲学社会科学领军人才，中宣部文化名家暨"四个一批"理论人才）

目录

第一章 特色文化品牌项目建设 / 1

篇首语 / 2

点一盏灯,暖一座城:温州"城市书网"项目实践 / 5

温州"文化驿站"——嵌入式文化空间促公共文化服务精准供给 / 12

实施"乡村文艺繁星计划" 助力乡村振兴文化繁荣 / 18

以人民为中心的实践样本:温州"市民文化节"打造没有围墙的剧场 / 23

"宣传嘉"服务点单平台:推动文化礼堂服务精准供给 / 30

传承"耕读传家"的瓯越历史文脉:"书香温州"全民阅读推广创新实践 / 34

以标准化建设推动可持续发展温州"城市书房"标准化建设实践路径 / 40

第二章 城乡基层公共文化服务创新 / 47

篇首语 / 48

乡村艺术团:让百姓成为公共文化主角 / 51

培育基层文化团队的孵化基地:瓯海区乡村艺术团大本营建设创新实践 / 63

"一村一团"联动共享激发基层文化创新活力 / 68

永嘉县乡村艺术团掀起乡村振兴新热潮 / 74

苍南县"文化礼堂联盟"实现村级公共文化建设联动发展 / 80

引入社会力量,激发工业重镇公共文化创新活力:柳市文化中心盘活资源办文化探索实践 / 84

泰顺县"我想我享"文化快线解锁偏远山区服务新模式 / 89

楼里有家:社区特色文化阵地 构筑百姓精神家园 / 95

永嘉县文艺红旗小分队送文化进万家 / 100

平阳县"一核多联"文艺团队联动机制 / 105

文成县乡土化培育再造凸显山村文化亮色 / 109

洞头区弘扬"海霞精神"打造红色公共文化品牌 / 115

浙南产业集聚区"车间文化"建设 / 120

第三章　全民阅读服务创新 / 125

篇首语 / 126

温州"城市书房"公共图书馆现代服务模式 / 130

温州市图书馆法人治理结构改革之路 / 136

温州读书会联盟：公共图书馆与社会阅读力量融合实践 / 143

"书香门递"：将阅读服务送上门　做到家 / 150

乡村阅读"彩虹计划"：温州市少年儿童图书馆"乡村护苗"
　　行动 / 154

多元化公共文化服务融合发展：鹿城区打造"阅读+"文化服务
　　综合体 / 159

泰顺县"阅享童年"阅读推广行动 / 163

山村特色人文空间的整合与提升：文成县畲族文书阅读推广特色
　　人文空间 / 167

第四章　全民艺术普及与优秀传统文化传承 / 171

篇首语 / 172

"城乡艺网"互联平台：打造共建共享、互联互通公共文化
　　服务纽带 / 176

凝聚文化公益的社会力量：温州市表演艺术类培训机构公益大联盟
　　创新实践 / 180

温州"文物点阅"：文物活态利用的探索与实践 / 185

乐清市引领基层文艺创编孵化中心工作的创新实践 / 189

编织"渔乡艺网"，服务海岛渔民：洞头区推动"渔文化"全民技艺
　　普及工程 / 196

龙湾区打造"古堡"城市文化客厅 / 201

"非遗创艺坊"：温州非遗传统技艺体验基地建设创新实践 / 209

打造公共博物馆"东方明珠"：温州非国有博物馆群建设共创文博
　　事业发展 / 215

职工文化艺术节：文化服务民企，助力"两区"建设 / 221
温州市妇女儿童活动中心未成年人社会实践课堂 / 224

第五章 文旅融合发展探索 / 229

篇首语 / 230

读万卷书 行万里路：乐清市图书馆文旅融合发展新路 / 233
泽雅镇综合文化站"文旅融合新空间" / 238
寻根故里：温州市文旅融创研学之旅探索实践 / 243
温州非遗体验基地建设，打造沉浸式休闲旅游目的地 / 247
平阳县"魅力茶乡"品牌文旅活动助推乡村振兴 / 251
"红都凤卧"旅游文化节品牌打造与推广 / 257
苍南县"文化进景区"标准化建设探索实践 / 262
山水舞台：让公共文化服务和百姓零距离 / 267
瑞安打造"1+X展示"街区文化旅游新地标 / 272

第一章

特色文化品牌项目建设

【篇首语】

品牌，这个来自商业领域的概念，曾几何时，开始在公共文化服务领域扎根，在全国各地，无论你到哪里去考察公共文化服务，东道主最津津乐道的就是他们的公共文化服务品牌，可以这么说，如果没有几个响亮的品牌，那么这个地方或单位的公共文化服务就谈不上成功。按着这个思路来看待温州的公共文化服务，不难发现，温州走的就是一条以品牌为引领的公共文化服务体系建设路径。纵观温州的公共文化服务品牌，其涵盖设施建设型品牌与纯服务品牌两大类型，最突出的亮点在于，温州的公共文化服务品牌打造是一个全市性的方案与行动，这与以单位为主体的品牌打造有较大的差别。全市性的品牌打造意味着政府主导、各方参与，包括更广泛地动员社会力量参与。因为是全市性品牌，所以更方便做顶层设计，也能在全区域内全面部署，这样的服务品牌，无疑是实现普遍均等、惠及全民这一公共文化服务基本目标的最好方式。此外，有些服务品牌，如市民文化节，需要最大范围地动员市民参与，在全市层面上做品牌，其影响力和号召力都远远超越一个单位层面的能力。即便全民阅读节的主办单位是中共温州市委宣传部和温州市文化广电旅游局，但这一品牌活动依托图书馆总分馆体系、"城市书房""百姓书屋"而在全市范围内举办，受众面广，便于就近参与，也是一个具有全市影响力的服务品牌。

"城市书房"是一个享誉全国的公共文化服务品牌，作为一个设施型的服务项目，"城市书房"品牌打造的意图主要表现在三个方面：①顶层设计。顶层设计的意识是不是从第一家"城市书房"就开始有了，这个无从考证，但在"城市书房"大规模建设之前就有了顶层设计，这是毫无疑问的。正因为有了顶层设计，从"城市书房"的命名和统一标识到设点的布局、准入原则、设施建设标准，这些才都成了项目推进中有序与标准化实施的保障，这也是"城市书房"做一家成功一家的秘诀。②高标准建设。虽然建设标准也是顶层设计的重要内容，但这是一个值得专门一提的亮点，在很大程度上，这是"城市书房"在温州受到市民追捧并享誉全国的重要原因。公共服务设施长期以来留给人们的刻板印象是环境不如商业机构，不重视用户体验，故舒适度较低，而"城市书房"一亮相就将上述刻板印象一扫而空。温馨、亮丽、舒适，这些现代人对公共设施最基本、最本能的需求，在每一个"城市书房"都能得到满足。③统一标准。让市民走进任何一家"城市书房"，都能感受到相同水准的环境与服务，这也是品牌打造中一个基本的原则。上述三点，是一个品牌诞生与成长的主要因素，至于品牌打造中必不可少的广告宣传，"城市书房"则完全依靠市民口碑相传。

"文化驿站"是一个服务类型的品牌，因为温州已经在公共文化服务领域有"城市书房"品牌成功的经验，所以在"文化驿站"品牌塑造方面驾轻就熟。但是塑造一个服务品牌，无疑比塑造一个建设型品牌难度更高。从"文化驿站"的影响力来看，其品牌价值表现在三个方面：其一，作为一个服务品牌，必须在服务内容上下功夫，现在"文化驿站"在市民中的影响力足以证明它的成功。就内容而言，"文化驿站"突破了文化馆长期以来形成的活动定式——唱歌跳舞、琴棋书画等，而是以更广阔的视野来定义文化活动，并且将文化活动与提升市民生活品质紧密联系，所以才能更广泛地吸引市民的参与。其二，"文化驿站"使文化馆总分馆制有了一个很好的落地方式，从这个意义上讲,"文化驿站"的品牌价值不仅仅是其在本地区的影响力,还在于其对国内其他地区的示范意义。文化馆总分馆制与图书馆总分馆制最大的区别就在于,文化馆的总分馆之间没有资源上的必然对应关系,换句话说,分馆在得不到总馆资源配送的情况下,仍然可以独立运行。文化馆总分馆制建设作为全国性的规定任务,是提升分馆服务能力的有效途径。但是,因为总分馆之间没有资源配置上的必然性,所以业内常常苦于找不到总分馆的落地形式,而"文化驿站"就是对这一难题的一个非常成功的破解方式。其三,"文化驿站"打破了总分馆制之间的对应关系,"驿站"的设置具有灵活性,可以根据需求、优质合作对象等来设置,以确保建一个、活一个、火一个。可以预期,基于灵活的建设机制,"文化驿站"的设置是可以不受限制的,只要按照顶层设计严控质量,那么,"文化驿站"就可以根据需求、资源去扩展,其结果就是让公共文化服务遍地开花,真正实现全民共享。

以品牌为引领的温州公共文化服务体系建设,为全国提供了一个独特的样本。注重品牌,说明温州人的思路已经超越了实现"有"这一基本目标而向着"好"以及"更好"的高端目标前进,并且迈出了一步又一步令人惊喜的步伐,相信未来的温州公共文化服务体系建设会继续延续品牌引领之路。可以想象,民众对公共文化服务的需求会越来越多、要求会越来越高,所以挑战也会越来越大。机制创新与内容创新,永远是公共文化服务的重要课题。

(浙江大学公共管理学院副教授,李超平)

点一盏灯，暖一座城：温州"城市书网"项目实践

一、项目背景

近年来，温州全市公共文化服务建设投入稳步增长，覆盖城乡的公共文化服务设施网络基本建立，公共文化服务效能明显提高，呈现出整体推进、重点突破、全面提升的良好发展态势。但是，与人民日益增长的对美好生活的需求相比，温州地区公共文化服务发展仍存在不平衡不充分的问题，仍然不能很好地满足人民群众多方面、多层次、多样化的精神文化需求。2015年7月以来，温州市坚持以人民需求为中心，按照国家公共文化服务体系示范项目的标准和要求，致力于打造"15分钟都市文化圈"，开始积极探索"城市书网"公共图书馆现代服务模式。

二、主要做法

（一）依靠党委政府，纳入政策保障

温州市委员会、市政府高度重视创建工作，连续四年将"城市书房"建设纳入"为民办实事"项目，每月对项目实施和推进情况进行督查并及时通报，成立了由温州市文化广电旅游局主要领导为组长的创建工作领导小组，定期召开专题会议，落实分解创建任务，研究解决项目难题。在温州市图书馆设立创建办公室，负责统筹协调、组织实施、监督管理创建工作。

（二）宣传贯彻"两法"，引领创建前行

温州市立足项目创建实际情况，聚焦国家前沿政策和指导性文件，认

真研读、深刻理解、贯彻落实《中华人民共和国公共文化服务保障法》和《中华人民共和国公共图书馆法》，以及党的十九大报告相关文件精神，严格按照标准和要求落实到位。以领先国内、比肩国际水平的高要求对创建工作进行规划部署和组织实施。

（三）贴近百姓需求，科学合理调整

在项目创建过程中，温州市根据实际情况，及时调整工作思路和方向，如考虑到市民对网络借书和送书上门的需求日益强烈，基于"城市书站"前期运行情况的调研结果，适时调整，新增"书香门递"服务，实现读者足不出户就能借书阅读的愿望。

（四）注重宣传推广，扩展示范效应

温州市专门成立创建工作宣传小组，制订宣传方案，建立了新闻宣传、网络宣传、社会宣传"三位一体"的宣传机制，通过中央电视台、《人民日报》《光明日报》《浙江日报》等各级各类权威媒体，大力宣传项目创建措施、成功经验，并注册"城市书房"商标，打造文化品牌，产生了广泛的影响。

三、创新亮点

（一）突破建设管理体制束缚，实现全民共建共享

政府负责"城市书房"规划和建设指导，每年把"城市书网"建设列入"为民办实事"项目。市、区两级图书馆为"城市书房"的运营管理提供指导和支持，全程参与指标确定、现场调研、方案审核，实行严格的审核准入机制。项目建设突破建设管理体制束缚，前所未有地吸引了社会力量的广泛参与。在选址布局阶段，面向社会公开招募符合条件的企业、社区、社会团体，提供场地或承担书房的装修与日常维护工作；在日常运营与管理中，则整合公共文化单位、企业、社会团体、街道社区、志愿者等多方社会力量，实现服务效益最大化。

（二）完善统一管理机制，形成标准化体系

"城市书房"从建设开始，就引入了标准化管理机制，经过四年的建设完善，形成了"七个统一"标准化管理体系，即统一选址标准、统一装修标准、统一标识设计、统一调配机制、统一信息系统、统一服务规范、统一监管机制。在此基础上，温州市注册"城市书房"商标，获得"城市书房布局结构"国家实用新型专利，制定全国首个"24小时自助图书馆"地方标准《城市书房服务规范》（DB3303/T 64—2017），开展省级服务业标准化试点工作，构建"城市书房"服务标准体系。

（三）打造"城市书房+"，创新总分馆模式

一方面，温州市积极探索打造"城市书房+"多种形态，与社会机构广泛合作，先后推出"城市书房+书店""城市书房+文化礼堂""城市书房+酒店"等多种形态的建设模式，引领城市公共阅读空间提档升级。另一方面，在"城市书房"建设成功的实践基础上，温州市率先推进重大文化惠民工程改革，开展"农家书屋"的提档升级工作，建成开放60余个"农家书屋"，有效解决了基层百姓读书难的问题，提升了基层乡镇的文化形象，在探索文化、旅游融合发展方面也做了有益的探索。

（四）结对读书会联盟，营造多元文化空间

2017年，温州市图书馆牵头吸纳120余家单位、民间读书会成立了温州读书会联盟，致力于培育和聚合民间力量，为民间阅读组织建机制、搭平台，共同推进全民阅读。各类读书会与"城市书房"合作，广泛开展沙龙、朗读、阅读分享等活动。读书会联盟成立三年多来，共计开展阅读推广活动和多元文化交流活动3859场，参与人次超过20万，使"城市书房"成为一个全市各方力量聚合、文化活动多元、静态动态结合、线上线下融合的公共多元文化空间。

四、取得成效

（一）供需对接，推动全民阅读成效显著

截至 2019 年年底，温州全市已建成"城市书房"88 家，累计接待读者 923.9 万人次，流通图书 817.97 万册次，吸引全市 3/4 的温州市民走进"城市书房"。"城市书巴"共接待读者 74 万余人次，外借图书 100 万余册次。"书香门递"服务开通以来，共收到订单 7385 单，外借图书 3.5 万册。"城市书网"满足了市民多元化、便捷化、随时随地阅读的需求，推动全民阅读成效显著。从 2016 年至 2018 年连续三年的调查数据来看，温州市市民纸质图书阅读量呈上升趋势。2015 年温州市市民人均纸质图书阅读量为 6.32 本 / 年，至 2018 年达到 6.74 本 / 年，增幅达 6.65 个百分点。

（二）协调发展，提升全民共享幸福指数

按照"15 分钟都市文化圈"的要求，"城市书网"体系内公共文化设施实现了科学、合理的选址布局，为市民阅读提供了极大便利，使市民精神文化生活更加丰富，让市民能够普遍均等地享受图书馆的基本服务。"城市书房"遍布全城，在提升市民生活幸福感的同时，激发了书房周边学校、社会团体、社区居民强烈的志愿服务意识。"城市书房"体系的建设，符合人民群众对美好生活的向往，更契合文化体制改革的精神，体现了温州这座城市的文化自觉和文化自信。

（三）特色鲜明，社会各界好评如潮

"城市书网"的成功实践引发了社会各界的广泛关注，也得到了各级领导与专家的高度评价。《人民日报》《光明日报》《中国文化报》等权威媒体多次宣传推广，中央电视台《焦点访谈》《朝闻天下》等栏目也进行专题报道。"城市书房"被列为 2015 年度"温州精神文明建设十大亮点"之首，获第五届"浙江省宣传思想文化工作创新奖"，入选中央电视台大型政论专题片《将改革进行到底》。"城市书房"文化志愿者项目获评 2016 年度

"浙江省优秀志愿服务项目"。

（四）示范推广，全国各地竞相复制推广

"城市书房"为业界提供了可复制、可借鉴的办馆模式，带动和示范效应明显。据不完全统计，全国各地先后有400余批次考察团前来参观学习，全国有130余座城市在落地推进，已建成1200多家"城市书房"，引领了公共文化服务新风尚。

（温州市图书馆）

媒体报道：

2019年7月25日《浙江日报》7版

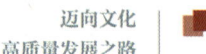

2019年5月22日《中国文化报》6版

2018年6月10日《光明日报》3版

2017年9月20日央视新闻频道《共同关注》

2017年入镜大型政论专题片《将改革进行到底》

温州"文化驿站"——嵌入式文化空间促公共文化服务精准供给

一、项目背景

近年来,温州市文化广电旅游局启动"文化驿站"项目,致力于打造"时尚化、休闲式、体验版、互动型、文艺范"的文化分享活动,以便新颖生动的公共文化生活方式在都市年轻人群体中产生"吸粉"效应,吸引他们参与公共文化生活,并从中得到思想教育和文化熏陶。

温州自2018年成为国家公共文化服务体系示范区创建城市以来,根据"全面提升和深化公共文化创新项目"的创建要求,对"文化驿站"项目进行了重新规划,提出让"文化驿站"全面提质增效,并向基层延伸拓展,逐步成为基层群众精神文化生活的"加油站",成为"强信心、聚民心、暖人心、筑同心"的文化新地标。2020年年初,温州市文化广电旅游局出台"文化驿站"新政22条,进一步将"文化驿站"建设延伸到乡镇,构建起"1+10+N+X"高质量公共文化活动服务网,即1个"龙头驿站"、10个特色"文化驿站"、N个社会力量参与"文化驿站"建设,X个乡镇、村级"文化驿站",在服务领域上实现从城市到乡镇、农村的全覆盖,打造"30分钟文化服务圈"。

截至2020年6月,全市已建成"文化驿站"210家,累计开展活动2964场,直接参与活动的市民达20万人次,通过网络传播和直播参与的市民达205万人次。同时,"文化驿站"已培育基层文化达人(分享者)1600余人,社会团队(包括乡村艺术团)2200余支。

二、创新做法

（一）突破站点服务的单一功能，让"文化驿站"成为基层公共文化服务的孵化器

通过"以展示推动创作，以帮带促进成长，以交流助力提升"的平台搭建，充分整合社会资源，激活文化阵地，建立稳定的、有专业能力的社会文艺团队与群众文化队伍。通过有引导、有规划、有机制地开展日常活动，一方面，打造专业文化干部队伍孵化平台，实行专业文化干部在基层公共文化服务方面的分片包干、网格管理，并通过定期开展"文化驿站"站长培训，搭建学知实践、研讨交流的综合平台，积极创设优秀文化分享人、优秀站点、精品活动案例评比等多元赛事，聚焦公共文化服务活动的题材探索、流程设计、人才培养，推精品，树标兵，立典型，让榜样的力量辐射周边，带动一片；另一方面，孵化具有导向性、示范性和带动性的

温州池上楼文化驿站讲座

群众文艺品牌活动，出台政策、制度，鼓励社会文化志愿者参与公共文化服务行动与团队创作。近年来，"文化驿站"平台先后孵化出乡村艺术团、公益培训联盟、文化派驻员、文化礼堂节目库等多个公共文化服务创新项目，在实践探索中破解公共文化"阵地服务单一，供给缺乏弹性"等问题，为公共文化服务的全面铺开培养人才，培育品牌，孵化产品，引领社会文化风尚，活跃群众文化生活，响应乡村振兴战略。

（二）突破包办式资源配置方式，实现基层公共文化社会参与的建设与管理新格局

"文化驿站"模式打破了以往公共文化服务由政府大包大揽、公共文化机构包办的旧格局，形成了投资主体多元、功能配置多样的公共文化资源新格局。选址建设上不单单依靠市县文化馆、乡镇综合文化站内的场地，还由点及面覆盖了图书馆、博物馆、剧院、文化礼堂等各种公共文化场所，延伸到文创园区、影院、民营书店、民宿、茶座等社会场地，使公共文化

温州市书画院文化驿站沙龙

服务的供给更加普遍均等、高效便捷，扩大了公共文化服务的覆盖面。市、县文化广电旅游(体育)局负责选址、制订方案、验收监督等工作；企事业单位、社会团体等社会力量作为"文化驿站"业主单位，负责提供场地、水电、网络等设施设备，以及进行日常管理和维护，有效节约了政府运营成本。社会单位申请建设"文化驿站"，须符合有关标准：总面积200~500平方米，符合消防安全规范，设备齐全，有焦点区域、展示展览墙等，并在驿站门口醒目位置设置统一的"文化驿站"标牌或灯箱。在符合统一标准的基础上，打破片面的功能模块布局，实现服务功能配置的个性化，探索一条全方位覆盖、高效能运行、可持续发展的新路子。

（三）突破单向灌输的供给模式，通过连点成线、互联互通，促进群众自我教育和自主服务

"文化驿站"转变原先各文化馆分馆定点式、同质化的服务供给模式，鼓励各个站点"因地制宜，一站一品"，探索多元化、有特色、个性化的服务。同时，通过"采购配送""站长推荐"等资源共享机制，实现优质资源纵向下沉和横向互通：市县文化馆可以将优质资源输送到乡镇基层文化站，乡镇文化站、社会"文化驿站"具有的地域特色等优质活动也可以反向输送到市县文化馆（如基层文化站、社会力量组织的高品质文化艺术分享活动，经过"站长推荐，专家审核，平台公示"后，即可输送到其他站点进行分享）。通过活动相互联通，温州市文化广电旅游局有效地整合了全市范围内的群众文化艺术资源，加强了对全市范围内文化活动、文艺创作、文艺辅导、队伍培训以及演出器材设备调配等方面的统筹，一定程度上解决了公共文化服务供给的"供需错位"问题。在服务方式上，"文化驿站"改变了自上而下的灌输模式，以双向互动为特色，让服务对象从单纯的聆听者、接受者转变为参与者、分享者，让服务由静态化、被动型向动态化、互动型转变。文化馆站点的"音乐讲演会"、大剧院站点的"主创面对面"、南戏博物馆站点的"与戏曲玩在一起"、非遗文化志愿团的非遗鉴赏体验活

动、市民文化团的原创文艺活动分享等，通过站点之间的互看互学、文化分享者之间的切磋交流，逐步把公共文化服务做成内容生动、形式互动、主体能动、运作灵动的浸润式群众文化分享会。"文化驿站"利用统一的微信公众平台，全面整理和发布讲座、展览、文化沙龙、文艺演出等信息，宣传活动内容，引导市民参与。

2019文化驿站十佳活动评选、"互评互学"大会

"文化驿站"项目是温州市推进文化馆总分馆建设的一个创新举措，它在阵地建设上打破了文化馆、综合文化站、文化礼堂等各自组织开展活动的孤岛模式；在服务方式上，打破了传统的说教式灌输模式，通过分享、互动、交流等方式，让每一次活动都成为参与者展示才华的机会；在覆盖领域上实现了从城市到乡镇、农村的全覆盖，充分发挥了"基层精神文化生活加油站"的社会效能。

（温州市文化广电旅游局）

媒体报道：

2019年7月11日《中国文化报》6版

实施"乡村文艺繁星计划" 助力乡村振兴文化繁荣

一、项目背景

2018年，为贯彻落实乡村振兴战略，着力解决基层公共文化服务不均衡、不充分的突出问题，在广泛进行调查研究的基础上，温州坚持以创新实践推动服务转型，推出"乡村文艺繁星计划"，以组建乡村艺术团为抓手，通过公共文化服务从"向基层送文化"到"在基层种文化"的根本转变，打通公共文化服务"最后一公里"，实现村民文化自给，推进乡村文化振兴。

朱云华局长在"2019中国文化馆年会"做报告

国家公共文化服务体系建设专家委员会委员金武刚教授认为，温州乡村艺术团的建设，不仅为我们提供了农村基层文化队伍建设的经验，也提供了乡村文化繁荣发展的重要抓手，"从'送文化'，到扎根乡村，实现'种文化'，不断扩大公共文化服务的覆盖面、提高适用性，温州乡村艺术团建设走出一条乡村文化振兴的探索之路，值得我们学习和借鉴"。

二、主要做法

（一）试点先行，全面推广

经前期充分调研和研究讨论，我局联合市委宣传部印发《关于组建乡村文艺团队丰富活跃基层文化生活的实施意见》，引导各县（市、区）结合实际，由各级党委、政府成立领导小组，完善相关配套政策，制订实施方案和行动计划，以"因地制宜，先行先试，盘活资源，整合提升，规范服务"为原则，由我局主导、市文化馆主抓、县（市、区）文化馆分片主管、乡镇（街道）分管、村社落实，分阶段、有计划地开展乡村艺术团组建工作。在瓯海、洞头、乐清、平阳四个地区先试先行，逐步在全市全面铺开。短短一年时间，全市共成立1729支乡村艺术团，吸收团员66606人，基层文艺团队遍地开花。

（二）建章立制，规范日常管理

在各县（市、区）文化馆指导下，乡村艺术团根据自身实际情况制定相应规章制度，开展规范化管理。乡村艺术团办理入驻文化礼堂等基层综合文化中心需办理手续，并进行备案。完善乡村艺术团入驻文化礼堂开展服务工作的星级管理制度，严格评定标准，加强动态管理。运用移动互联网技术，开发管理系统，将乡村艺术团开展常态化活动的实时场景，用手机拍照定位，报送至大数据中心，实现活动实时"打卡"。建立群众参与评价机制，引入社会力量开展第三方评估。

（三）加强指导，提升业务能力

针对市、县（市、区）两级文化馆业务干部、乡镇文化员、文化派驻员，结合文化馆总分馆体系、网格化服务管理等平台，建立"分片包干"制度，为乡村艺术团提供业务指导。除此之外，广泛动员社会力量助力"乡村文艺繁星计划"，鼓励温州市表演艺术类培训机构"公益大联盟"的专业老师、艺术院校的师生、文教系统的退休专业干部等，以志愿服务的形式参与指导乡村艺术团的活动。采用政府购买的方式，为乡村艺术团提供师资服务。2019年，瓯海区通过公开招标，聘请13家综合类社会文化艺术培训机构和文化社团，指导提升瓯海区各乡镇街道乡村艺术团的业务能力。

（四）立足特色，全面发展

乡村艺术团入驻基层文化阵地后，注重挖掘地方特色，塑造"一村一品、百花齐放"的群众文化活动局面。立足基层需求，创作文艺作品，组织文艺活动，紧跟基层群众的生活方式、兴趣爱好等实际，努力为村民提供优质、精准的公共文化产品和服务。平阳县的乡村艺术团将民间表演与舞台艺术相结合，挖掘出划旱船、踩高跷、布袋戏等一批非遗文化和特色节目，依托"市民文化节"这个平台，举办"排舞大赛""乡村达人秀""乡村百姓大舞台""村歌大展演"等赛事活动，邀请乡村艺术团参演参赛、展现风采。赛事吸引了广大农民群众的关注，每场赛事现场观众近千人，微信直播点击量达20余万人次。"村歌献给党"庆祝改革开放40周年村歌大展演活动，共吸引1000多个村庄，超过50万名村民踊跃参与。

（五）汇聚合力，强化保障

各县（市、区）积极争取县、镇、村三级财政经费支持，建立项目扶持专项资金。用以奖代补的方式，对乡村艺术团进驻基层文化阵地的运营经费予以适当补助。有条件的地方，通过邀请企业冠名、聘请乡贤人士担任顾问、众筹等多种方式争取社会资金支持。平阳县昆阳镇雅山元洲乡村艺术团成为首个拥有企业法人资质的乡村艺术团，其率先与企业结对共建，获得企业经费资助，企业也通过乡村艺术团进行宣传，提升知名度，实现互利共赢。政府通过将乡村艺术团团员纳入基层文化人才培养计划，将发展成熟的乡村艺术团逐步纳入当地公共文化服务的政府采购范围等方式，推动乡村艺术团发展长效机制的形成。

三、取得成效

乡村艺术团的建设，在村民之间、村与村之间搭起了一座座文化的桥梁、团结和谐的桥梁、欢歌笑语的桥梁，让村民、文化资源、文化项目三者互动，做到了"共同参与、共同创造、共同分享"。

（一）基层文化阵地"火"了

1700多支乡村艺术团入驻1648个文化阵地，激活了农村文化礼堂"建、管、用、育"一体化建设，逐步形成建设推进、管理运行、内容供给、文化培育、队伍建设、激励保障等一系列长效机制，实现基层文化阵地管理规范化、活动常态化。据统计，2018年，温州市乡村艺术团仅在全市的农村文化礼堂就开展演出、展览、讲座、培训等各类群众文化艺术活动1924场，受益群众近30万人次，极大地活跃、丰富了基层群众的文化生活。

（二）基层文化队伍"壮"了

乡村艺术团植根于乡村，村民就是主角；节目内容来自群众生活，展现乡情风貌，因此，很快成了村民心中的"网红"，越来越多的村民加入乡村艺术团。通过文化馆专业文化干部和专业培训机构的指导，乡村艺术团逐渐成长为一支业务过硬的基层文艺骨干队伍。平阳县昆阳镇雅山元洲乡村艺术团登上央视舞台，荣获"感动中国"第八届"群文杯"银靴奖。从单纯的"自娱自乐"，到创作具有本地特色的"代表作"，再到具备在省市级乃至全国大舞台上一争高下的实力，乡村艺术团成为地方文艺品牌与民间文艺人才队伍的孵化器。

（三）村民自办文化"强"了

乡村艺术团自编、自导、自演开展活动的方式，改变了"政府包揽"

的模式，打破了"草根舞台"的活跃主要依赖于政府"送文化"的尴尬局面，真正建立了"我的舞台我做主"的公共文化服务新格局。瓯海区的各支乡村艺术团，成为流动性极强的"文艺轻骑兵"，争先走上各村各镇的百姓舞台、文化礼堂、文化中心、乡镇街道综合文化站，在展示自我风采的同时，积极配合区政府工作，开展"平安瓯海""最多跑一次""禁毒宣传"以及各类法律法规宣传等常态化的文艺宣传活动。泰顺县仕阳镇乡村艺术团不满足于在本村演出，自发筹集资金18万元，开启村际、镇际文化阵地的交流巡演。温州各地整合乡村艺术团优质活动资源，纳入文化礼堂活动"点单"平台，以村民"点单"、精准配送的方式开展服务。

（本文系温州市文化广电旅游局局长朱云华在"2019中国文化馆年会"上的经验介绍）

以人民为中心的实践样本：
温州"市民文化节"打造没有围墙的剧场

一、项目背景

为改变公共文化活动由政府包揽，政府提供产品，市民被动参与"形式雷同、内容单一、人员重复、缺乏新意"的公共文化活动，真正让百姓"上舞台、当主角"，从 2013 年开始，温州市启动市民文化节活动，以"没有围墙的剧场，不落幕的舞台"为主旨，通过办市民文化节来搭建平台，集聚社会资源、社会力量共同参与公共文化建设，同时带动基层公共文化服务设施软件升级，为百姓提供开放舞台，充分激发基层的文化自觉和文化自信，让老百姓实实在在地共享文化发展成果，使他们在参与市民文化节的过程中实现自我展示、自我服务、自我教育。七年来，市民文化节已经成为温州文化活动的重要品牌。广大市民在参与文化活动的过程中体验到了快乐，感受到了幸福，增强了对城市的认同感、归属感和自豪感。

二、主要做法

温州市第七届市民文化节由市委宣传部、市文化广电旅游局、市文联（文学艺术界联合会）主办，2019 年是中华人民共和国成立 70 周年，也是"文旅"合并后的首个市民文化节。因此，本届市民文化节着重讴歌自然美、经济美、城乡美、生活美、人文美的"五美"新温州形象，献礼中华人民共和国成立 70 周年；助力温州市打造"诗画山水""休闲乡村""时尚都市""活力海洋""文化温州"等全域旅游"金名片",同时,为公共文化服务体系示范区的创建营造良好的文化氛围。

自2019年4月21日正式开幕以来,市文化馆先后举办了温州市第七届市民文化节开幕式暨"我和我的祖国"广场音乐会、"百城联动,歌唱祖国"2019第二届"追梦之声"浙江省青少年声乐大赛温州地区选拔赛、"诗画山水　温润之州"温州市首届旅游歌曲演唱会、温州市第十七届群众声乐大赛、温州市第三届器乐大赛、2019年浙江省群众广场舞大赛、温州市第四届小戏小品大赛、"我和我的祖国"广场系列文化演出等20多场大型演出活动。

温州市第七届市民文化节开幕式

三、创新亮点

（一）以"量"带"质",提升文化内涵

市民文化节活动时间跨度长、强度大、种类多。首届市民文化节从2013年9月至11月分赛事、展演、培训3个板块进行,44场精彩演出贯穿全程,点燃市民心中的文艺热情。自第二届市民文化节开始,活动几乎贯穿全年,每年从3月份或4月份启动,至12月份闭幕。第二届市民文化节有将近200多项共500多场演出,除市中心设置主舞台外,各县（市、区）11个梦想舞台、100个微舞台同时配合,营造出百台、千姿、万人的效果,这是温州市有史以来文化活动最聚集、市民参与度最高的一次文化盛宴。

政府转变职能，不再"亲临一线"办文化，而是更多地进行"资源整合"，发挥机制设计、统筹集聚、平台搭建、资源协调、服务各方的作用，吸引多方社会力量参与，使得文化活动内容更丰富、形式更多样、时间更持久、地域联动更广泛密切，推动公共文化服务从"量变"到"质变"。多样化的音乐、舞蹈、美术、书法、摄影、戏曲等活动，让城市变得斑斓多姿、气象万千，为文化的深层次发展注入了动力，"以文化人、以文惠民、以文强市"，促进城市文化的发展实现从外延的扩张到内涵的提升。

温州市第七届市民文化节广场展演活动

（二）以"点"促"面"，实现文化共享

温州市民文化节注重点面结合：

一方面，将分散的活动串联起来，抓品牌重影响、抓特色重带动、抓规模重成效，将全市群众文化活动纳入整体化、系统化模式，形成一个纵横交错的文化活动体系，如第二届市民文化节以"戏曲故里、歌舞之都、书画名城、百工之乡"四大文化品牌建设为载体，分别推出"视觉季、音乐季、舞蹈季、戏曲季"四个主题活动季，以四种文艺形式为温州市民呈现一个四季鲜明、特色迥异的"文化年"。

另一方面，发挥市、县（市、区）、乡镇（街道）三级联动效应，将文化活动下移，充分发挥11个县（市、区）的文艺团队优势和力量，以文化服务中心、文化礼堂、百姓舞台、广场等公共文化设施作为主要活动场地，盘活基层文化阵地，让广大市民群众就近、便捷地参与各项市民文化节活动，享受各类优质文化资源，充分利用好文化节资源，拓展市民文化节的活动范围，扩大市民文化的共享内容。

首届温州市民文化节闭幕式

（三）以"俭"载"新"，守正出新

温州市民文化节坚持节俭创作、节俭演出，做到了小投入、大作品，既保障了创作演出活动的各项合理开支，又防止出现铺张浪费现象，在此基础上围绕"新"字下功夫，不断创新形式，赋予市民文化节不一样的韵味。第七届市民文化节契合中华人民共和国成立70周年的主题，在温州大剧院广场上以"我和我的祖国"广场音乐会的形式为祖国庆生，鲜活文化样式与丰富文化内涵完美结合，提升了温州的城市凝聚力、感召力。

四、取得成效

第七届市民文化节期间，温州市诞生相关音乐作品 40 多首、原创舞蹈作品 19 个、戏剧小品类作品 12 个（所有作品均为参赛作品）。全市开展各类主题活动 900 多场，近 6 万人参与表演，现场观众近 110 万人次，线上观众达 330 余万人次。

（一）品牌赛事，保质保量

温州市文化广电旅游局在第七届市民文化节中精心策划了 12 场市级大型文艺活动和赛事，除音乐新作大赛、群众声乐大赛、原创舞蹈大赛、小戏小品大赛、视觉艺术大赛等传统精品赛事之外，2019 年市文化馆承接了由浙江省文化和旅游厅主办的浙江省群众广场舞大赛，9 月，来自全省各地的 18 支决赛队伍亮相温州大剧院广场。

（二）精彩展演，欢乐群文

温州市民文化节秉持"以文化人，以文惠民，以文强市"的宗旨，充分发挥广大市民的创新创造能力，在这座不落幕的舞台上不断上演着精彩的舞蹈、声乐、器乐、戏曲等人民群众唱主角的大戏。第七届市民文化节特别设置精彩社团展演活动，与浙江省群众广场舞大赛相结合，在温州大剧院广场连续展演 10 场，以音乐、舞蹈、戏曲、民乐等专业的综合形式，共同迎接国庆节的到来。现场数万名观众和线上 50 多万名观众竞相观看，在全社会掀起了喜迎中华人民共和国 70 华诞的热潮。

（三）地方特色，文化传承

温州历史悠久，有着丰富的文化遗存，瓯越文化、山水文化、民族文化等源远流长，民间音乐、民间舞蹈、戏曲、造型艺术、民间美术、民间手工技艺、民间习俗等有着深厚的文化底蕴和独特的文化价值。每年市民文化节期间，温州市 11 个县（市、区）文化广电旅游体育局都会在当地组织开展颇具地方特色的民俗文化活动，2019 年洞头区的妈祖平安节、羊栖菜节、海洋民俗风情节，泰顺县的 2019 全省茶歌大会、第八届中国·泰顺廊桥文化旅游节、《采茶舞曲》户外交响乐音乐会，苍南县的海峡两岸少数民族风情文化节暨欢度"三月三"活动，平阳县的海西桃花节、青街"三月三"等多姿多彩的特色文化活动，极大地丰富了当地群众的精神生活，也为温州本土文化的传承搭建了广阔的平台。

（温州市文化馆）

媒体报道：

2018 年 1 月 11 日
《中国文化报》5 版

2016年12月15日《中国文化报》4版

"宣传嘉"服务点单平台：推动文化礼堂服务精准供给

一、项目背景

为推动文化惠民项目与基层群众需求精准对接，创新文化礼堂管理使用机制，2016年，温州市启动了文化礼堂服务点单平台建设，截至2019年，经过多次的升级完善，充分利用互联网技术推动了基层公共文化服务精准化。

二、主要做法

温州市借助"互联网+"力量，自2016年起，在浙江省率先构建了文化礼堂服务点单平台，将群众的"需"与政府的"送"精准匹配。2019年，结合新时代文明实践工作开展情况，对平台的用户对象、功能内容进行拓展，进一步推动了公共文化服务供给精准化。截至2019年年底，平台已吸纳662家政府机构、社会组织、文艺团体提供的项目7045个，累计配送服务5.1万场次。

（一）搭建掌上平台，推动"使用便捷、内容丰富、整合高效"的精准服务

平台充分运用互联网技术，分别在"温州宣传"微信公众号、网站设置了服务入口，2019年升级打造"宣传嘉"手机端App、微信小程序，实现了"一个平台，多屏联动"的效果。一是便捷性。基层可以通过手机、电脑进入平台。二是丰富性。目前平台已设置8个类别服务点单项目资源库，涵盖了时政宣讲、文艺活动、医疗服务、体育健康、教育科普等各种

服务和活动。平台点单配送的服务，既有政府购买的惠民服务，也有志愿者提供的公益服务，还有用户需求的付费项目。三是导向性。所有项目上线之前，市、县宣传部审核把关，同时建立信誉点考核制度，对提供项目的单位进行动态考核，一旦出现内容违规及点单后没有及时配送等情况，将予以扣点，严重的取消配送资格。四是整合性。平台建立了志愿服务项目精准化配送和志愿服务积分管理机制，打通了民政、团委的"志愿汇"数据。平台还包含了温州市全民技艺普及服务，开设了慕课学习，以及电影下乡点单等功能。

（二）完善机制体系，形成"一套流程、三项制度、四级队伍"的运行模式

为确保点单平台的有效常态运行，市、县宣传部进一步规范了工作流程，制定了配套工作机制，并建设了工作队伍。一是"一套流程"优化平台服务。按照"项目报送→审核发布→点单预约→安排配送→接受评价"的流程开展服务。其中，供给方的项目报送要提交统一格式材料，包括图片资料、文字简介、场次数量、服务时间、硬件要求等要素，由平台管理方负责审核发布。二是"三项制度"确保常态长效。建立了项目申请"集中＋常态"机制，要求各地及有关单位每年分四个批次集中报送服务项目，同时鼓励平时报送日常性服务项目；建立了工作人员分批轮训机制，分批次对平台相关工作人员进行培训；建立了平台工作督考机制，将平台工作纳入全市宣传思想文化工作考核范围，不定期组织督查，重点对平台维护方、基层落实方、项目配送主体进行监督管理。三是"四级队伍"负责平台运行。建立了由市、县宣传部工作人员，乡镇（街道）宣传干事，村级文化礼堂总干事组成的四级联络员队伍，分别负责平台运营、点单对接、配送保障、服务反馈等工作。

（三）注重惠民实效，实现"供给精准、资源集聚、惠及群众"的目标效果

平台坚持以群众关注点、兴奋点和满意度为指向，推动各个项目与群众需求的有效对接，不断提高服务精准化。一是以群众需求为导向。一方

面，常态化征集群众需求，设计了点单平台服务项目需求征集表，放于各个文化礼堂，方便群众随时填写需求意向，再由各文化礼堂负责人定期整理汇总到宣传部。另一方面，以季度为单位，通过平台大数据分析，对群众黏性差、评价低的项目，及时予以调整，对群众欢迎、点单火爆的项目，及时沟通增设，真正将群众的"需"与政府的"送"精准匹配。二是以群众力量为依托。积极发动市、县、乡、村多个层级，党政机关、企事业单位、社会组织、行业协会、志愿团体等多元主体参与到平台建设和服务项目中来，同时将高校、各级文化主管部门、工会、各级司法部门、共青团、妇女联合会、科学技术协会等单位资源集聚、整合起来，形成优势互补、共建共享的机制，如平台集合了卫健委（卫生健康委员会）推荐的温州市中医药学会提供的医疗健康讲座、多位非遗传承人提供的非遗技艺项目等。三是以群众满意为准绳。平台配套了意见征集、品牌项目"秒杀"、服务完成星级评价、口碑排行、问卷调查等多种形式相互补充的群众评价体系，使整个运作过程做到了项目征集征求群众意见、项目服务接受群众监督、项目效果接受群众评价。

三、创新亮点

服务点单平台充分借助了互联网技术，是创新基层宣传思想文化阵地管理使用机制的新实践，是提升群众对基层公共文化服务满意度的新突破。具体来说，服务点单平台的创新亮点如下：一是推动公共文化服务更加便捷。点单平台利用微信平台、手机 App、网站、电子阅报屏等多个便捷入口，实现手机屏、电脑屏、阅报屏联动，解决了传统点单服务需要大量人力投入的问题以及突破了时间地点的限制，使点单更加便捷。二是推动公共文化服务更加精准。点单平台的建立体现的是以群众对精神文化的需求为导向的价值理念，做到了服务项目征求基层意见、服务点单交由基层决定、服务内容接受基层监督、服务效果接受基层评价，推进了公共文化服务精准化。三是推动公共文化服务机制创新。点单平台的建设，极大地推进了市、县、乡、村多个层级以及文化部门、公安部门、教育部门、工会、共青团、妇联、科协等社会各界公共资源向统一平台集聚,突破了传统各家单位各自为政的格局,优势互补,共建共享,从而实现了基层资源的统筹安排和最大化利用。

四、取得成效

点单平台得到了上级领导的肯定和社会各界的好评。2018年12月,中宣部(中国共产党中央委员会宣传部)副部长蒋建国在温州调研时充分肯定了点单平台建设经验。2016年11月,时任省委常委、宣传部部长,现任省政协主席、党组书记葛慧君批示:这个平台建得好。2016年4月,在全省农村文化礼堂建设工作现场会上,温州市委常委、宣传部部长胡剑谨介绍了点单平台的建设经验,当年作为典型案例入选全省文化礼堂操作手册。杭州、宁波、绍兴、嘉兴等兄弟城市派多批人员前来学习取经。《浙江日报》刊发了《共建共享 精准服务 温州文化礼堂引领乡风》的专题报道;《温州日报》刊发了《精准供给服务 培育乡村新风 将向上力量传递给每个人》的整版报道;温州网报道了《温州打造供需对接平台把服务免费送到农民手中》。新华社、人民网、光明网、中国文明网、浙江在线、网易新闻、新浪网、搜狐网等媒体,都对温州文化礼堂服务点单平台进行了相关报道和转载。

(中共温州市委宣传部)

传承"耕读传家"的瓯越历史文脉：
"书香温州"全民阅读推广创新实践

一、项目背景

"伊洛微言持敬始，永嘉前辈读书多。"温州自古以来文风鼎盛，人才辈出，有着"东南小邹鲁"之美称。为继承"耕读传家"的历史文脉，温州市图书馆于2010年4月举办首届"书香温州"全民阅读节，开展"读书大讲坛""书香大世界""阅读大动员""知识大风采"四大版块共十余项活动，活动历时两个多月，20多万名市民参加。从此，"书香温州"全民阅读节连续每年举办，全民踊跃参与，活动异彩纷呈。国家公共文化服务体系示范城市创建工作开始后，温州市图书馆更是创新思路、创新方法、创建举措，在市区和各县（市、区）同步启动以公共图书馆服务体系为核心，充分运用图书馆总分馆、"城市书房""百姓书屋""农家书屋"等阅读服务阵地的"书香温州"系列阅读活动，旨在培养全民阅读习惯，提高公民思想道德和科学文化素质，深入探索实践农村阅读新方式，提升农村公共文化服务水平，引领全社会形成"读书好、多读书、读好书"的读书风尚。

二、主要做法

为了给市民献上更丰盛的文化大餐，每年由中共温州市委宣传部和温州市文化广电旅游局牵头，温州市图书馆等承办单位结合不同的热点和主题，精心策划"书香温州"全民阅读节系列活动方案，打造众多市民喜闻乐见的活动项目和品牌。举办全民阅读节启动仪式，正式发布在全市媒体平台，并由宣传部组织各媒体单位根据活动特色进行不同形式的报道。各县（市、区）、各有关单位将"书香温州"全民阅读节活动纳入年度文化建设总体安排，形成了以书香阅读建设为龙头，以行业、系统、单位书香建设示范点为支撑的全民阅读服务体系。

2018年，"书香温州"全民阅读节活动包括"聚焦改革专题""阅读风采展示""少儿阅读推广""图书惠民服务""书香满城活动"五大版块，承办单位有各县（市、区）文化广电新闻出版局、温州市图书馆、温州市少年儿童图书馆、温州市文化馆、中国移动温州分公司、温州市新华书店有限公司、温州市出版物发行业协会、温州日报报业集团图书出版策划中心。

2019书香温州全民阅读节启动仪式

2019年，紧紧围绕庆祝中华人民共和国成立70周年的主线，按照"奋战1161、奋进2019"的主题，抓住国家公共文化服务体系示范区创建的有利时机，以进一步鼓励、动员和引导全社会力量积极参与全民阅读工作为目标，温州市图书馆策划了"书香满城""新中国成立70周年""阅读追梦人""阅读风采展示"四大版块活动。在市委宣传部和市文化广电旅游局的大力支持下，温州市图书馆联合市委直属机关工作委员会、市精神文明建设指导中心、市教育局、市总工会、市妇女联合会、市文学艺术界联合会、温州军分区、温州日报报业集团、温州各高校等，让全民阅读之花绽放在城市的每一个角落，全面推进了"书香温州"的建设。

三、亮点经验

（一）品牌活动百花齐放

全民阅读节不断创新活动品牌，推出了"图书馆之夜""读书好声音""新锐说演讲""阅读王者挑战赛""阅读马拉松""少年儿童原创诗歌大赛"等各项品牌活动，并结合每年不同主题持续开展。"读书好声音"大赛让人们借朗读来传达书籍灵魂的声音，推广有声阅读，带动更多人走入书的世界，决赛线上线下观众达万余人；联动温州地区共同举办"阅读马拉松"挑战赛，7000 余名阅读爱好者用专注与毅力，完成了一场特殊的阅

第二届"阅读马拉松"挑战赛现场

读"马拉松",共同感受"阅读的力量";举办"新锐说演讲"大会,用跨界新识的碰撞与交流,为观众献上一场又一场思想盛宴。发动全市少年儿童参加"少年儿童原创诗歌大赛",反映童心童梦,讴歌美好生活,激发少年儿童文学创作和阅读文学作品的热情。

（二）讲座展览有声有色

2018年温州市图书馆共举办"笔尖上的中国——走进楷书""40本书,印迹中国四十年""读图写诗——原创诗歌优秀作品展""百年百图说馆史"等展览50余场,观展人数106550人;2019年的全民阅读节启动仪式,温州市图书馆邀请到郦波教授做了"从诗歌到远方"专题讲座,线上线下观众达3.3万人;仅2019年国庆期间,"籀园讲坛"等活动品牌就举办专题讲座、书画展、图片展、文艺会演等各类读者活动共计30余场。

（三）读书会联盟搭桥领读

作为由社会力量共同参与的公共阅读服务组织,读书会联盟组织百家读书会成员共同开展常规读书活动3000多场（2018—2019年）,与11家机关、企事业单位结对共读,与报社、文化驿站联动举办"池上楼名家读书会",形成社会力量共同参与的公共阅读服务新格局。2019年,开展庆祝新中国成立70周年主题读书论坛与读书分享会,以话剧表演、群体朗诵、传统吟唱、小提琴演奏等形式,精彩呈现书本故事,抒发爱国热情。

（四）社团阅读活动亮点纷呈

温州市图书馆读书话剧社协同温州话剧表演艺术协会组织剧目展演、文学沙龙、剧本朗读会等各类活动近百场,并组织开展每年的"话剧我来演"年度会演和全市公演。2019年,"话剧我来演"线上线下观看人数近5000人;"阅秀汇"朗诵社在现代集团、小高桥建设小学、空港集团等多家企业或学校成立分社,组织开展"经典电影配音秀""诗情画意遇见中秋月""听见春天""职业之声——幸福是奋斗出来的""书香温州礼赞中国"等活动。在各项活动中,"天籁浙江"观看人数最多达16450人,"职业之

2019年"我是读书追梦人"大赛

声"观看人数最多达11240人;"籀园品书会"坚持以主题阅读为基本形式,邀请知名专家学者与读者进行交流,每月定期举办,并联合"温图流动书市"等品牌栏目走进各个街道开展阅读活动。

(五)读者公益培训深入人心

2018年,温州市图书馆开展"温州亲子阅读推广""海龟哥哥讲故事""香樟课堂""每周绘本""温图英语沙龙"等亲子教育品牌活动共80余场,参与人数3500余人;温州市图书馆籀园学堂常年向老年和未成年群体开展各类公益培训,实现社会公共资源为民所用、全民共享,充分发挥公共图书馆的社会教育及阅读推广职能。2019年,温州市图书馆面向未成年读者组织开办国学、中国经典文学、温州非遗等特色公益培训课150余次,合计培训3000余人;面向老年读者群体开展书法、国画、太极拳、声乐、中医药保健、电脑基础、图片处理等12种课程共360余次课,合计培训中老年学员1680余人。

四、取得成效

随着活动规模和影响力的日益扩大,温州市委市政府的支持力度也日益加大,成效显著:一是活动经费递增,基本能保证每年总经费60~70万元;二是以发文的形式联合教育、总工会、妇联、文联各系统共同推进,让阅读活动延伸到各行各业,覆盖整个温州地区;三是媒体宣传持续加强,由宣传部主持新闻发布会,联合温州报业集团及浙江日报驻温州办事处等,结合网络直播、微博微信等新媒体手段,无限地扩大传播面,让全民阅读节走出温州。

温州市图书馆2018年开展各类阅读推广活动1553余场,参与活动人次近22万(包含网络参与),2019年举办活动1513场,参与人次22.62万。"书香温州"全民阅读节带动了整座城市的阅读氛围,通过组织各类阅读推广活动,让更多人通过读书增长知识、净化心灵,通过阅读推动创新、成就事业,真正使读书成为市民的生活习惯,成为引领城市发展的引擎。

(温州市图书馆)

以标准化建设推动可持续发展
温州"城市书房"标准化建设实践路径

一、项目背景

为深入贯彻落实中共中央办公厅和国务院办公厅《关于加快构建现代公共文化服务体系的意见》《中华人民共和国公共文化服务保障法》《中华人民共和国公共图书馆法》精神，积极探索公共图书馆总分馆制标准化、规范化建设，实践和推进以"城市书房"为代表的基层公共文化服务设施建设，温州市积极提升都市文化品位，营造浓厚的全民阅读氛围，大力构建"城市书网"服务体系，取得了明显成效。2014年，温州市图书馆创新性地联合企业、社区等社会力量，在城市的街区、创意园区、商场、公园等地建设"城市书房"，这些采用自动化设备和无线射频技术，实现了一体化服务，具备24小时开放条件的场馆型自助公共图书馆，为市民提供了崭新的知识共享、信息交流、互动阅读的人文空间，受到市民的一致好评，引起全省乃至全国公共文化领域的广泛关注，形成了独特的"温州阅读"现象。

随着各方建设需求的迅速增长，温州市图书馆面临着日常服务制度规范缺乏以及图书物流配送、安全监管等工作职责不明、边界不清的问题。"城市书房"的发展需要标准化，无论是建设时的选址、图书配置、建筑外观还是建成后的日常管理、读者服务，都迫切需要标准的支撑，完善标准化体系建设，为"城市书房"运行管理提供规范保障迫在眉睫。2017年，温州市图书馆（"城市书房"）首次申请市级标准化服务试点项目，并以此为契机引入标准化管理理念，制定工作标准，推行标准化管理制度，着力构建"城市书房"服务标准化体系，积极探索如何实现"城市书房"的服务提效、管理流畅、群众满意、品牌提升的良好成效。该项目先后入选温州市（2017年）、浙江省（2017年）乃至国家级（2019年）的标准化试点项目。

二、主要做法

"城市书房"服务标准化项目于2017年先后入选市级、省级标准化试点项目，并于2018年11月顺利通过市级验收，2019年年末"城市书房"服务综合标准化项目更是突出重围，成功入选国家级社会管理和公共服务综合标准化试点。主要开展工作如下：

（一）管理机制健全，有力推进标准化工作

温州市图书馆成立以馆长为组长、副馆长为副组长、各部门主任为成员的项目实施小组，负责项目制定、实施、监督。领导小组下设标准化工作办公室，负责管理日常标准化工作，安排专兼职标准化管理人员，为完善和运行标准化项目提供组织保障。将"城市书房"标准化工作纳入全馆"十三五"发展规划和年度工作计划，形成"领导协调、各部门大力配合、全馆广泛参与"的工作氛围，"城市书房"工作人员标准化意识明显增强，提高了服务能力和自身素质，树立了良好的形象，进一步增强了市民对"城市书房"的认同感。

（二）建立完整标准体系，有效覆盖工作流程

围绕"城市书房"规模化建设及运行管理，全面梳理各个业务环节，从建设时的选址、室内设计、外观设计、设施设备，到建成后的日常管理、读者服务、安全保障等方面，都制定了详细标准、规范，构建了通用基础标准体系、服务保障标准体系、服务提供标准体系以及岗位工作标准体系四大子体系，具体来说：在通用基础标准体系方面，制定标准化工作导则、

标准化工作指南、符号与标识等文件，以规范工作行为；在服务保障标准体系方面，制定设备设施配置、网络信息安全、文献编目细则、书房消防安全、突发事件应急预案等方面的标准，为"城市书房"服务提供良好的保障和条件；在服务提供标准体系方面，制定物流配送、巡查管理、阅读推广等服务提供、服务评价与改进等方面的标准，规范各个"城市书房"的服务工作；在岗位工作标准体系方面，制定了"城市书房"所有相关岗位的工作标准，明确分工，定岗定责，规范服务岗位工作。各体系的具体内容参照国家标准进行适当的删减和合并，最后共引用国家标准126个、行业标准18个、地方标准2个、企业自建标准73个，标准覆盖率达95%，实施率达100%，有效支撑了"城市书房"的建设和管理。值得一提的是，体系中编制、发布了全国首个24小时自助图书馆地方标准《城市书房服务规范》（DB3303/T 64—2017），并在此基础上编制、发布了浙江省地方标准《城市书房服务规范》（DB33/T 2181-2019）。

（三）标准实施稳步推进，服务效能显著提升

温州市图书馆开展项目试点优化标准工作，将"城市书房服务标准化试点"项目列入全市服务业标准化试点建设项目，在政策、资金上获得支持，同时将其申报列入浙江省、国家级服务业标准化试点建设项目。项目试点不断优化标准内容，精细"城市书房"管理和服务，并将标准化工作纳入"城市书房"年度考核内容，制定《标准实施及监督检查管理办法》，通过举办一系列标准普及的宣传工作，包括动员大会、标准化培训、标准化工作巡展等，着力提高市民的知晓率、满意率。对标准进行全面宣传并实施监督，确保标准化工作落到实处。项目推进取得显著成效，"城市书房"各业务环节标准覆盖率达95%，实现了服务提效、管理流畅、品牌提升、群众满意。截至2020年7月，温州市已建成"城市书房"88家，总建筑面积达20000平方米，总藏书90万余册，日均服务18小时，累计服务群众974.93万人次，流通图书898.97万册次，参与群众1.5万人次。

三、项目展望

标准化建设是一项可持续的动态工作，会根据政策的改变、业务工作的深入以及工作人员的职责改变而改变，与时俱进。接下来，"城市书房"标准化建设要从四个方面不断完善升级，具体来说如下：

一是进一步完善标准。标准的制定是一个不断更新、不断完善的过程，要根据实际工作的需求，进一步完善每一份标准的内容，健全"城市书房"服务标准体系，特别是将已经相对成熟的工作机制上升为标准。将温州市图书馆的特色服务，如"书香门递"借阅服务等提升到标准高度，加入现有标准体系。

二是进一步实施标准。温州市图书馆将结合前段时间的运行情况，继续组织实施各项服务标准。

三是进一步评估标准。结合自我评价、读者满意度和第三方评价，听取来自内部和外部的合理意见，对已有的标准体系的运行进行监督，吸取反馈意见，不断完善各项标准。对实施过程中出现的问题，明确整改意见，逐步完善标准体系。

四是做好标准推广工作。结合温州"城市书房"的服务标准体系建设的试点情况，将服务标准体系在全国范围内的"城市书房"加以推广。

我们将致力于服务标准体系的长效建设，以国家公共文化服务体系示范区创建工作为契机，进一步完善以市、县图书馆为总馆，"城市书房""百姓书屋"为分馆的总分馆制的"温州经验"，着力推进公共图书馆服务标准化的工作，在全省乃至全国范围内的公共文化服务标准化工作中形成示范效应。

（温州市图书馆）

注：下附相关文件及报道。

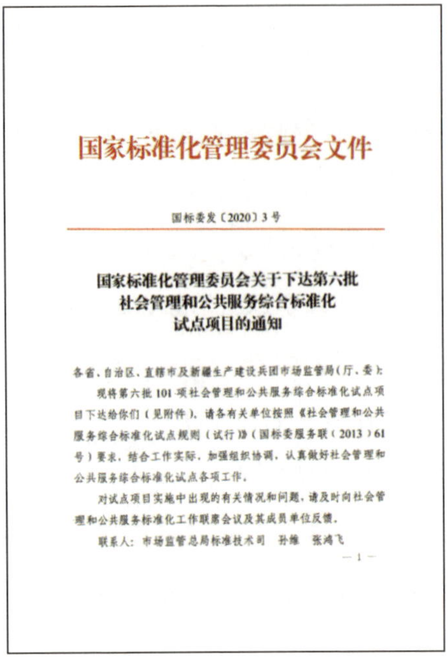

国家标准化管理委员会文件

国标委发〔2020〕3号

国家标准化管理委员会关于下达第六批
社会管理和公共服务综合标准化
试点项目的通知

各省、自治区、直辖市及新疆生产建设兵团市场监管局(厅、委):

现将第六批101项社会管理和公共服务综合标准化试点项目下达给你们（见附件）。请各有关单位按照《社会管理和公共服务综合标准化试点规则（试行）》（国标委服务联（2013）61号）要求，结合工作实际，加强组织协调，认真做好社会管理和公共服务综合标准化试点各项工作。

对试点项目实施中出现的有关情况和问题，请及时向社会管理和公共服务标准化工作联席会议及其成员单位反馈。

联系人：市场监管总局标准技术司　孙维　张鸿飞

— 1 —

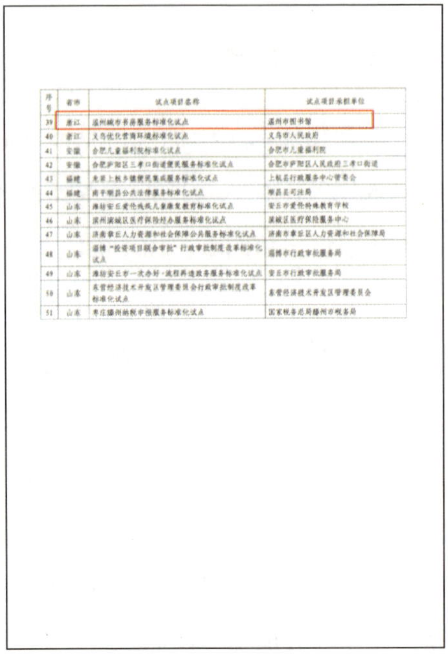

序号	省市	试点项目名称	试点项目承担单位
39	浙江	温州城市书房服务标准化试点	温州市图书馆
40	浙江	义乌优化营商环境标准化试点	义乌市人民政府
41	安徽	合肥儿童福利院标准化试点	合肥市儿童福利院
42	安徽	合肥庐阳区三孝口街道便民服务标准化试点	合肥市庐阳区人民政府三孝口街道
43	福建	龙岩上杭乡镇便民集成服务标准化试点	上杭县行政服务中心管委会
44	福建	南平顺昌县公共法律服务标准化试点	顺昌县司法局
45	山东	潍坊安丘爱伦残疾儿童康复教育标准化试点	安丘市爱伦特殊教育学校
46	山东	滨州滨城区医疗保险经办服务标准化试点	滨城区医疗保险服务中心
47	山东	济南章丘人力资源和社会保障公共服务标准化试点	济南市章丘区人力资源和社会保障局
48	山东	淄博“投资项目联合审批”行政审批制度改革标准化试点	淄博市行政审批服务局
49	山东	潍坊安丘市一次办好·流程再造政务服务标准化试点	安丘市行政审批服务局
50	山东	东营经济技术开发区管理委员会行政审批制度改革标准化试点	东营经济技术开发区管理委员会
51	山东	枣庄滕州纳税申报服务标准化试点	国家税务总局滕州市税务局

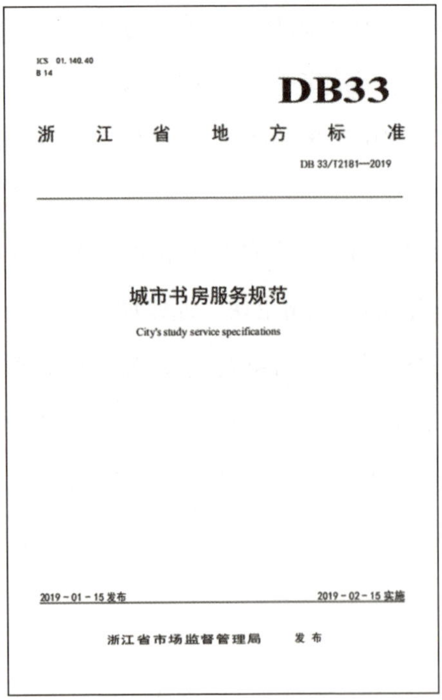

ICS 01.140.40
B 14

DB33

浙　江　省　地　方　标　准

DB 33/T2181—2019

城市书房服务规范

City's study service specifications

2019-01-15发布　　2019-02-15实施

浙江省市场监督管理局　发布

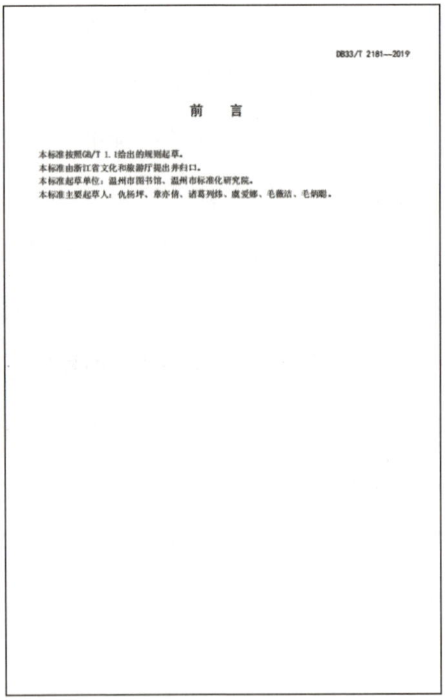

DB33/T 2181—2019

前　言

本标准按照GB/T 1.1给出的规则起草。
本标准由浙江省文化和旅游厅提出并归口。
本标准起草单位：温州市图书馆、温州市标准化研究院。
本标准主要起草人：仇杨坪、詹亦倩、诸葛列炜、虞爱娜、毛薇洁、毛炯聪。

第一章 | 特色文化品牌项目建设

第二章

城乡基层公共文化服务创新

城市书房
文化驿站 乡村艺术团
文化礼堂 温州艺术节 全民阅读节
市民文化节 乡村文艺繁星计划 图书馆法人治理结构改革
非国有博物馆群 非遗体验基地 全民技艺1510普及工程
博物馆文物点阅 文化温州云 新雨立体阅读 毛毛虫上书房阅读汇 籀园讲坛
艺普及 新时代车间文化 蚂蚁联盟志愿者 文艺创编孵化中心 温州诗词大会 阅读马拉松
人图书馆 名家视野 百姓书屋 城乡艺网 山水舞台 城市书巢 云端大舞台 江心屿金秋文化节
博会 江心屿跨年音乐节 畲族风情旅游文化节 我想我享文化快线 市民艺术团 残疾人文化艺术周 城市书展 候鸟计划

【篇首语】

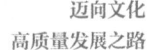

基层是公共文化服务的重点和薄弱环节，尤其是随着我国城镇化进程的加快，城乡差距逐步显现。改革开放以来，特别是近年来，在党中央、国务院的高度重视下，一系列重大决策决议的颁布，以及《中华人民共和国公共文化服务保障法》等重要法律法规的实施，使公共文化服务体系建设的主攻方向和基本遵循日渐明晰，推进公共文化服务均衡、充分发展，成为其中的重要议题。但与此同时，基层群众对美好生活的文化诉求越来越多，不少基层在公共文化服务设施功能、服务效能、管理运行等方面仍问题凸显。温州市从实际出发，聚焦城乡之间、不同地域之间公共文化服务发展不均衡、不充分的问题，先后创新、创造出一大批具有典型引领价值，可借鉴、可复制、可推广的成功经验。

设施功能方面，农村文化礼堂作为在浙江全省范围内倡导的农民群众开展文化活动、丰富精神的家园，是农村多元文化的有效载体，是保障和改善农村文化民生、满足农村人民日益增长的美好生活需要的重要举措。温州市以群众满意为准绳，积极深化、拓展农村文化礼堂的建、管、用，并借助"互联网+"的力量，在全省率先构建了文化礼堂服务点单平台，将群众的"需"与政府的"供"精准匹配。特别是苍南县，更是通过礼堂捆绑式运行、设施自主式管理、活动主题式开展等"文化礼堂联盟"的建设模式，在推动公共文化服务精准供给的同时，推动文化礼堂形成"抱团发展、资源共享、优势互补"的发展新格局。柳市镇则以文化中心为载体，坚持政府主导，发挥市场作用，在长期与各类专业文艺人才建立合作关系的同时，扶持各类文艺社团，并与20余家文化公司签订合作协议等，使公共文化机构打造的文化活动与社会的资金、资源优势相结合，准确对接，优势互补，拓展了乡镇基层文化中心服务开展的思路，丰富了乡镇基层文化中心服务的内容与形式。

服务效能方面，泰顺县通过"我想我享"的"文化快线"点单配送服务，实现了公共文化由政府"独角戏"向全民"大参与"的转变，有效弥补了公共文化服务的基层短板，较好地解决了供需对接、均衡发展、基层队伍培育等问题，为群众文化活动注入了生机与活力。而作为典型山区县的永嘉县，则根据"围绕乡村文化振兴，进一步丰富群众精神生活"的工作部署，由县文化馆组建文艺红旗小分队，通过有效对接、精简装备、文以载道、多元主题、多方宣传等方式，将丰富多彩的文艺活动带进革命老区、希望学校、福利院、居家养老中心、贫困山区等。在城市基层，鹿城区则秉持"融合共筑"的理念，联合大剧院、博物馆、科技馆等单位，通过资源共享、传承传统文化、开创多元体验活动、升级志愿服务团队、全方位宣传等，激活了辖区内各类文体资源，丰富了辖区内居民业余文化生活，在加强精神文明建设、培育社会主义核心价值观方面发挥了重要作用，解决了公共文化服务"最后一公里"的难点问题。以外来人口为主的温州浙南产业集聚区，则通过增加文化服务产品供给量、创新文化服务方式、推送品牌活动等措施，把优质的文化服务直送给企业员工，把文化之根深植企业车间，搭建各企业（车间）之间文化信息交流的平台，共筑"同心、实干"车间文化生态圈，在增强文化自信和文化认同的同时，用文化吸引更多外来务工人员，最大限度地提升了人民群众的文化获得感和满意度。

管理运行方面，温州不仅在全市层面制定、出台了相关制度，各县

（市、区）也配套出台实施方案，成立专门工作指导组，文化广电旅游局局长亲自抓，乡镇（街道）、村（社区）领导干部积极配合、共同推进，形成了包括作为文化馆总分馆服务模式延伸触角的瓯海区乡村艺术团大本营总分服务联盟，平阳县"单独建团、邻片组团、互补联团"的村级文艺团队组建模式，"一核多联"的常态化文化联动活动模式，以及永嘉县"镇街总团、村（社）分团"运行模式，"分类指导、分级补助"的扶持机制等在内的灵活多样的文化新模式，极大地提高了乡镇基层文化阵地的使用效率，丰富了基层群众的文化生活，带动了城乡文化的繁荣发展。

党的十九大报告提出，要"坚守中华文化立场，立足当代中国现实，结合当今时代条件，发展面向现代化、面向世界、面向未来的，民族的科学的大众的社会主义文化"，温州各地更是通过一系列大手笔，如文成县依托当地历史名人刘伯温打造、提升的全域文化旅游，洞头区的"海霞文化"全域性公共文化品牌等，都是在用丰富多元的艺术形式与活动全方位、多侧面、多层次地展现着历史与当代风貌，用新时代文化内核吸引全社会对历史文化给予更多的关注，用其力度、广度和深度打造出纵横捭阖的精神文明气象新格局。可以说，温州在推动乡镇基层公共文化充分发展中所表现出的创造性思维与创新性探索，在有效解决当地均衡发展难题的同时，为全国提供了示范样本。

（上海社会科学院文学研究所副研究员、硕士研究生导师、上海公共文化蓝皮书执行主编，冯佳）

乡村艺术团：让百姓成为公共文化主角

一、项目背景

随着经济的不断发展，人民生活水平不断提高，基层群众对美好生活的文化需求越来越强烈，温州各地围绕村民组织的文化活动和赛事不断增多，规模也不断扩大。比如，各县（市、区）每年年底举办的规模不等的"村晚"；市民文化节中的"农村达人秀"；永嘉县连续举办5年的农民文化节，县、镇、村三级共办文化赛事活动，做到"季季有盛会、月月有赛事、日日有演出"，丰富的赛事和活动促使各种艺术门类的农村业余团队越来越多。

截至2019年年底，温州市共有3300多个村（社区），民间自发组织的文艺团队达1万余支，建有农村文化礼堂2515个。公共文化服务体系示范区创建期内将实现乡镇（街道）综合文化站、村（社区）文化中心全覆盖。推动基层公共文化阵地发挥实际效能，带动村民参与公共文化产品的生产与自我供给，实现供需精准对接，保障基层公共文化服务和文化活动常态化，为组建乡村艺术团提供充分的现实理由和依据。

2018年5月4日，中共温州市委宣传部、温州市文化广电新闻出版局联合印发了《关于组建乡村文艺团队丰富活跃基层文化生活的实施意见》（以下简称《意见》），启动"乡村文艺繁星计划"，开始组建乡村艺术团。2020年5月，温州市文化广电旅游局、温州市农业农村局联合印发《关于乡村振兴中加强乡村艺术团建设的通知》，进一步强调乡村艺术团在乡村振兴中的重要作用。"乡村文艺繁星计划"是温州市为深入贯彻落实党的十九大精神和《中华人民共和国公共文化服务保障法》，实施乡村振兴战略，围绕国家公共文化服务体系示范区创建工作，提升基层公共文化服务水平而推出的又一创新项目。

二、主要做法

（一）强化顶层设计，试点引领发展

《意见》明确了到2020年确保全市超过50%的行政村（社区）完成组建乡村文艺团队的总体目标，规定了组建、运行、扶持、常驻四大工作机制，确立了经费来源、场地支持、人才培养、展示平台、政府采购、专业指导、星级评定、宣传推广八个方面的保障举措。中共温州市委宣传部于2019年推出全民技艺普及工程，打造"1510"模式，即依托文化礼堂服务点单一个平台，建立供需对接机制、骨干带动机制、积分奖励机制、常态赛演机制、阵地共享机制五大机制，推行十大重点普及的技艺门类，为建立温州城乡一体化发展的公共文化服务体系提供保障。

为探索乡村文艺团队的建设模式，温州市先确立了平阳、瓯海、永嘉、乐清四个试点地区进行探索，然后在全市交流推广。各县（市、区）按照"因地制宜，先行先试，盘活资源，整合提升，规范服务"的原则，以"单独建团、邻片组团、互补联团"等组建方式、"镇街总团、村（社）分团"等运行模式和"分类指导、分级补助"等扶持机制，分阶段、有计划地开展乡村艺术团组建工作。

（二）建立规章制度，规范日常管理

温州市建立并推进乡村艺术团全面入驻文化礼堂等基层文化阵地的基本制度，形成共建共享共荣的基层公共文化建设新局面。2019年年初，中共温州市委宣传部围绕"7651"管理运行体系打造文化礼堂，即七项制度、六支队伍、五大内容、一个平台，推动文化礼堂成为繁荣基层文化生活和助推乡村振兴的重要载体，打通宣传、教育、服务、关心群众的"最后一公里"。

在各县（市、区）文化主管部门和文化馆的指导下，乡村艺术团根据实际制定相应规章制度，开展规范化管理。办理入驻文化礼堂等基层综合文化中心签约手续，并进行备案；完善乡村艺术团入驻文化礼堂开展服务工作的星级管理制度，严格评定标准，加强动态管理；建立群众参与评价机制，引入社会力量开展第三方评估。

（三）加强辅导培训，提升业务能力

"7651"体系明确提出，打造六支队伍，壮大志愿力量。通过文化礼堂"总干事""八大员""文化大使"、"新青年下乡"学生志愿队、"四千结对"活动队伍、"乡村艺术团"六支志愿队伍，充分调动文化人才力量，为乡村文化建设提供业务指导和专职管理。除此之外，中共温州市委宣传部牵头、联合市文学艺术界联合会组建温州市市民艺术团，动员社会力量，以志愿服务形式，为乡村百姓提供文艺演出和指导服务；采用政府购买等方式，为乡村艺术团购买师资服务。

（四）打造特色团队，推动全面发展

乡村艺术团入驻基层文化阵地后，注重挖掘地方特色资源，形成了"一村一品、百花齐放"的群众文化活动局面。乡村艺术团立足基层需求，创作文艺作品，组织文艺活动，紧跟基层群众的生活方式、兴趣爱好等实际，努力为村民提供优质、精准的公共文化产品和服务。比如将民间表演与舞台艺术相结合，挖掘诸如划旱船、踩高跷、布袋戏等非遗文化和特色节目。

（五）强化资金保障，合力推进建设

各县（市、区）积极争取县、镇、村三级财政经费支持，建立项目扶持专项资金，通过以奖代补的形式，对乡村艺术团予以适当补贴。有条件的地方通过邀请企业冠名、乡贤人士担任顾问、众筹等多种方式争取社会资金支持。

平阳县首批乡村艺术团成立仪式

鼓励各县（市、区）每年对优秀乡村文艺团队进行表彰奖励，将发展成熟的乡村艺术团逐步纳入当地公共文化服务的政府采购范围，形成推动乡村艺术团发展的长效机制。

三、创新亮点

温州市以人民为中心搞活农村文化，以制度化、体系化方式推进农村文艺团队建设，促进了农村文化活动繁荣兴盛，实现了可持续发展，缩小了城乡文化差距，促进了公共文化服务城乡一体化高质量发展，具有示范推广价值。

（一）文化主管部门从"办文化"向"管文化"转变

温州"乡村文艺繁星计划"，通过乡村艺术团进驻文化礼堂等基层文化阵地的方式，带动农民群众积极参与农村文化产品的生产和自我供给，切实推动了基层文化阵地供给侧改革。各县（市、区）制定相关配套扶持措施，鼓励社会力量通过投资、赞助等形式参与组建和运营，共同促进乡村艺术团发展。

乡村艺术团组建后，各级文化主管部门主要负责指导和监督，乡镇（街道）、村（社区）主导管理工作，让乡村艺术团承接惠民演出、开展主题巡演等文化活动。有的县（市、区）还通过购买文艺版权等方式，把优秀文化产品无偿提供给乡村艺术团，方便其移植改编并在文化礼堂使用。文化主管部门从对传统义化活动的包办包揽，到建立机制进行培育，加强对乡村艺术团的支持和保障，从而实现了职能转变。

（二）文化服务方式从"送文化"向"种文化"转变

乡村艺术团入驻文化礼堂后，充分发挥以村民为主体的特点，构建合理、高效的文化礼堂自我供给服务体系。乡村艺术团立足基层需求，创作文艺作品，组织文艺活动，加强特色品牌打造，与基层群众的生活方式、兴趣爱好等相结合，提供优质、精准的公共文化产品和服务。

这种自编、自导、自演开展活动的方式，改变了"政府包揽"的模式，打破了"草根舞台"的活跃主要依赖政府"送文化"的尴尬局面，真正建立了能够自我创造、自我表现、自我服务、自我教育的"种文化"的公共文化服务建设新格局。

（三）农村居民从"要我参加"向"我要参加"转变

村民通过加入乡村艺术团，有了更多上舞台历练的机会，锻炼了能力，增强了自信心，提高了参与文化活动的积极性。乡村艺术团通过创作和开展贴近生活、贴近实际、贴近群众的文化活动，用本村人，演本村事，村民由过去"看"活动转变为"演"活动，更是激发了村民参与开展文化活动的积极性，又吸引更多的村民加入乡村艺术团，实现了公共文化末端服务，培养了村民的归属感和幸福感。

（四）基层文化阵地从"单一低效"向"百花齐放"转变

乡村艺术团作为激发基层文化内在活力的重要载体，通过指导乡村艺术团进驻文化礼堂参与管理、运营和服务，激活了文化礼堂"建、管、用、育"一体化建设，逐步形成建设推进、管理运行、内容供给、文化培育、队伍建设、激励保障等一系列长效机制，保障文化礼堂管理规范化、活动常态化，促进整体服务提质增效，实现从"单一低效"向"百花齐放"转变。

（五）文化治理格局从"分散线状"向"共建共享"转变

温州"乡村文艺繁星计划"，是"自上而下"科学设计、"自下而上"蓬勃建设的全市域系统性文化惠民工程，是由温州市文化主管部门牵头，市、县、乡镇、村四级联动推进的一项工作，有助于加强部门协调沟通，充分调动各方积极性，形成上下联动、全力共促的良好氛围。乡村艺术团建设，不再是单纯的"自娱自乐"，不再任其"自生自灭"，实现了文化治理格局从"分散线状"向"共建共享"的转变。

四、取得成效

经过两年建设，温州市乡村艺术团队伍得到蓬勃发展，截至2020年7月，全市建有乡村文艺团队2678个，累计开展活动2万余次，服务基层群众超过40万人次；行政村（社区）100%拥有乡村文艺团队，乡村文艺团队100%入驻乡村文化礼堂。

温州市"乡村文艺繁星计划"，不仅得到基层群众的热烈欢迎和追捧，也得到了各级领导的充分肯定与批示，还受到广泛社会关注，《中国文化报》、人民网、新华网、凤凰网、新浪网、浙江新闻网、《温州日报》等20多家主流媒体相继报道。同时，乡村艺术团积极参加各种国家级、省市级比赛或演出，取得了较好成绩，进一步扩大了社会影响力。

（温州市文化馆）

浙江省文化和旅游厅厅长
褚子育批示：

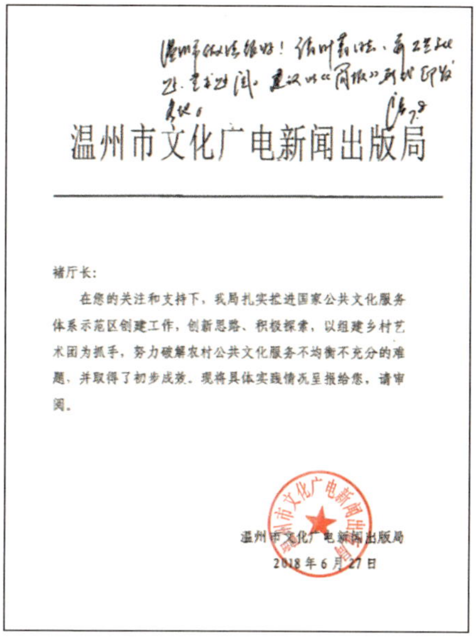

温州市市委常委、宣传部长
胡剑谨批示：

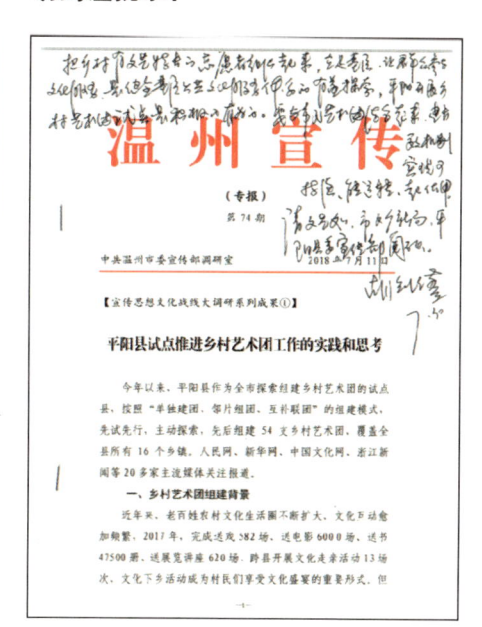

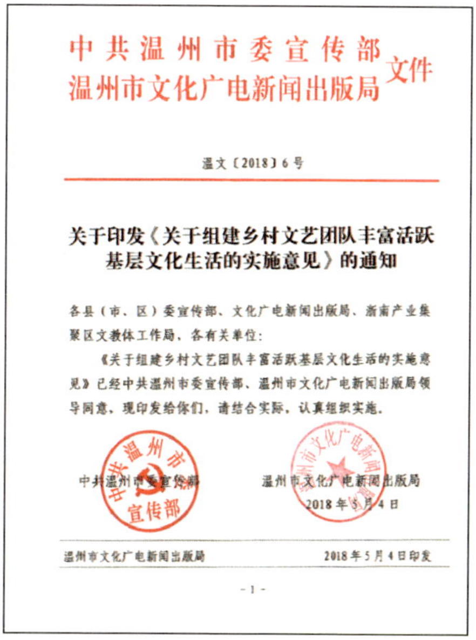

前温州市副市长
郑朝阳批示：

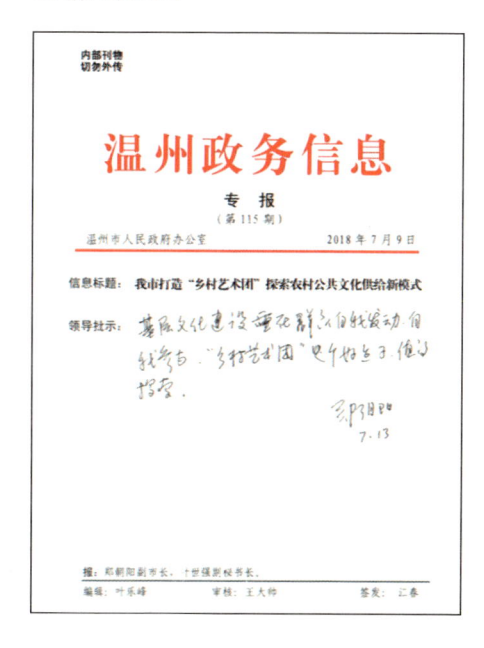

温州市文化广电旅游局
温州市农业农村局 文件

温文办〔2020〕28号

关于乡村振兴中加强乡村艺术团建设的通知

各县（市、区）文化和广电旅游体育局、农业农村局，龙港市委宣传统战部，浙南产业集聚区文教体局、海洋渔业与农林局：

根据市委、市政府《关于全面实施乡村振兴战略高水平推进农业农村现代化的意见（2018-2022年）》和《关于创建国家公共文化服务体系示范区的实施意见》等文件要求，现就乡村振兴中加强乡村艺术团建设有关事项通知如下：

一、工作目标

坚持以习近平新时代中国特色社会主义思想为指导，进一步整合基层文化资源，充分调动广大基层干部群众参与乡村振兴文化建设的积极性、主动性、创造性，以"一对一""多对一"等形式结对乡村艺术团，助力培育乡村特色文艺团队，培养乡村优秀文艺人才，激发群众文艺创造活力，推动"温州乡村文艺繁星计划"全面实施，丰富乡村文化生活，推进乡风文明建设，促进基层群众"自我创造、自我表现、自我服务、自我教育"，以文化振兴助推乡村全面振兴。

二、主要内容

1. 指导乡村艺术团组建工作。发挥驻村指导员在基层帮扶、团队培养方面的特长，立足本地实际和文化特色，围绕乡镇"三团三社"（乡村合唱团、乡村艺术团、乡村民乐团、书画社、摄影社、文学社）和"一村一品"文化品牌，指导帮助行政村组建一支以上人员相对稳定、活动开展经常的乡村文艺团队，实现乡村艺术团全覆盖。指导制定团队内部管理制度，引导乡村艺术团建设向规范化、制度化、品牌化方向发展。指导帮助乡村艺术团进驻乡镇（街道）综合文化站、村（社区）文化礼堂、文化中心等基层公共文化阵地开展活动。

2. 激活农村精神文化生活。鼓励驻村指导员积极协调各方面力量，利用节日节庆及农闲，组织开展乡村旅游、科技致富、特色展示、生态农业观光等活动，为乡村艺术团提供展示交流平台。充分发挥好组织协调、沟通联络等作用，帮助指导乡村艺术团开展文艺展演、文化走亲和比赛活动，不断丰富活跃基层群众文化生活。

3. 助力乡村文艺人才培养。鼓励驻村指导员深入乡村艺术团活动场所现场指导，开展针对团队负责人和骨干成员的各类培训，切实提高其政策理论水平和综合业务素质，重视帮扶和发现乡土文化能人、非物质文化遗产项目传承人等充实到乡村艺术团中来，推动乡村文艺队伍发展壮大。

三、工作要求和组织保障

1. 加强组织领导。各地要建立文化、农业部门协调工作机制，实现资源共享、优势互补、协同发展。汇总本地乡村艺术团帮扶需求信息，因地制宜建立服务平台，通过平台对驻村指导员服务乡村艺术团的各项工作进行制度化、规范化、常态化管理。

2. 建立长效机制。建立驻村指导员服务乡村艺术团结对指导制度，对服务活动进行认证和登记，有关表现可在职称评审、岗位聘用中予以参考。各地文化行政部门对结对服务活动中表现优异的驻村指导员进行表彰奖励。

3. 加强宣传引导。充分运用新闻媒体积极宣传报道驻村指导员服务乡村艺术团的先进事迹，形成有利于全社会共同参与基层文艺团队建设的良好氛围。及时总结、提炼乡村振兴指导员结对帮扶的好经验、好做法，鼓励各地相互学习交流，取长补短，共同提高。

温州市文化广电旅游局　　　温州市农业农村局
2020年5月8日

温州市文化广电旅游局办公室　　　2020年5月8日印发

国家级媒体报道：

2018年7月14日《中国文化报》6版

2020年1月3日《中国文化报》4版

2019年1月1日《中国文化报》5版

以人民为中心搞活乡村文化的温州实践

温州这片领改革开放风气之先的热土,继享誉全国的"城市书房""文化驿站"、公共文化机构法人治理结构改革等创新举措之后,公共文化服务又出新招:实施"乡村文艺繁星计划",试点打造出1700多支散布在乡间田野的乡村艺术团,5万多名群众投身公共文化创造和供给,1600多个乡镇文化站、乡村文化礼堂有了参与服务和管理运营的驻场团队,温州乡村公共文化服务由此展现出了令人振奋的"活起来""火起来"景象。

怎样破解乡村公共文化服务效能不佳的问题?适应需求、供需对接、丰富供给、强化保障,诸如此类的方法和途径都很重要,但最根本的是确立以人民为中心的指导思想,让人民群众真正成为乡村文化的创造者、表现者、参与者、受益者。温州的乡村艺术团由农民"单独建团、邻片组团、互补联团",以乡村特色文化资源为依托,以"一镇一品、一村一韵"为目标,服务和管理、运营全面参与,农民真正成了乡村文化阵地的主人、乡村文化活动的主角,这是温州秉持以人民为中心思想搞活乡村文化的生动实践,是把文化"种"在乡间的实策实招。

乡村振兴,乡风文明是保障。之所以成为保障,是因为乡风文明是产业兴旺的精神动力,是生态宜居的人文环境,是治理有效的文化依托,是生活富裕的重要标志。以思想道德和精神文化建设为主要内容的乡风文明建设怎样落到实处?温州以乡村艺术团为载体,探索了盘活地方特色文化资源、塑造乡村文化生态、改革乡村文化产品和服务供给、培育懂文化爱农村的乡村本土文化人才的实现方式,为落实农耕文化传承保护、戏曲进乡村、培育农村特色文化品牌、打造文化艺术之乡等重大工程奠定了坚实基础，为实现乡村公共文化服务体系建设有标准、有网络、有内容、有人才的"四有"目标，开辟了探索道路，做出了独特贡献。

（北京大学教授、国家公共文化服务体系建设专家委员会主任，李国新）

培育基层文化团队的孵化基地：
瓯海区乡村艺术团大本营建设创新实践

一、项目背景

瓯海区乡村艺术团大本营总分服务联盟建设为总分馆服务模式的触角延伸，即以瓯海区文化馆为总馆，以村（社区）文化中心、乡村艺术团大本营为分馆，以馆外培训点为补充，进一步拓展服务空间，提升服务标准化、均等化水平，打破公共文化服务"最后一公里"，打造"没有围墙的文化馆"。瓯海区文化馆在全区范围内，根据镇街、村（社）大小和文艺特长人群、文化爱好人群等实际情况，以"单独组建、连片组团"的方式，建设103支长期活跃在基层的乡村文艺团队，实现行政村（社区）组建全覆盖，补齐瓯海区专业文艺团体总量有限、服务覆盖面不广等短板。通过创作和开展贴近生活、贴近实际、贴近群众的文化活动，激发基层活力，繁荣基层文化；打造村民"共同参与、共同创造、共同分享"的公共文化供给新模式，实现基层公共文化服务全覆盖，提高人民群众的获得感和幸福感。

二、主要做法

（一）业务精准对接，规范活动开展

为规范瓯海区乡村艺术团的活动管理，每两个镇街配有一个文化馆专业艺术干部对其进行业务指导与监督。乡村艺术团按照"自己组织、自己活动、自己管理、自己监督"的精神开展活动。业务指导员对所在镇街乡村艺术团的活动开展、活动策划、活动信息上报等环节进行规范、引导。活动开展前，乡村艺术团需要填报"瓯海区乡村艺术团一月一主题活动备案表""瓯海区乡村艺术团文化走亲活动备案表"，经过镇街文化员、派驻员知晓同意后上报对应指导员处。审核通过后需提交演出背景喷绘（或横幅）设计图、演出节目单、开展演出场地的现场照片等，确保国家公共文化服务体系示范区创建和全区中心工作制定各类宣传主题信息准确，让社会主义核心价值观蔚然成风，营造良好的社会舆论氛围。活动开展时，指导员需监督活动正常有序开展，对活动现场出现的一些问题及时进行整改。活动后提醒乡村艺术团负责人及时录入活动所需信息，确保活动有记录、有效果、有亮点，同时便于团队年终台账的整理与活动大数据的掌握。日常不断完善瓯海区乡村艺术团规章管理制度、章程并加强监督，使其规范化、持续化运作。

（二）培训紧跟时代，提高综合水平

以瓯海区文化馆为中心，建立"两结合"的培训模式，馆内馆外培训相结合，加强瓯海区乡村艺术团各类文化人才队伍建设，夯实乡村文化生力军基础。馆外16家综合类社会文化艺术培训机构，对所有乡村艺术团进行业务指导、统一管理、按需培训、点单配送，并提供日常排练设备供各乡村艺术团开展活动。馆内定期组织信息数字化管理、团队管理建设、文艺教学专家指导、外出演出交流等培训活动，以此提升乡村艺术团综合业务水平能力。2019年度组织开展的瓯海乡村艺术团信息管理培训班，"迎亚运"主题原创广场舞培训，全球贸易港开幕快闪演出，温州市文化礼堂"我们的村晚"暨乡村艺术团才艺大展演音乐专场、戏剧专场、舞蹈专场演出等活动，培养了一批有文化、有知识、热心乡村文化建设、有组织管理能力的乡村艺术团文艺骨干。2019年，瓯海区乡村艺术团更是走出温州，赴丽水莲都、缙云，四川阿坝文化走亲。将"乡村振兴，文艺先行"的瓯海区乡村文化带给更多的人，扩大了瓯海的知名度和美誉度。

三、创新亮点

（一）平台率先创建，数字管理更高效

瓯海区与时俱进打造乡村艺术团数字化平台，在移动互联网时代发展的背景下，提升公共文化服务水平。一款专门为瓯海区乡村艺术团量身定制，全市首创的文化掌厅数字化信息汇总平台上线试用，该平台页面简洁，便于操作，打破了空间限制，实现了手机、平板电脑等移动设备端操作。该平台设有活动名称、活动地点、参与人数、活动时间、图片上传、活动亮点介绍六大模块。目前，瓯海区百支乡村艺术团开展的文化走亲、一月一主题演出活动均可通过文化掌厅数字化信息汇总平台进行活动资料上传，自2019年11月平台投入使用以来，2019年12月底共收到36份台账信息，极大方便了乡村艺术团活动信息上传及工作人员信息汇总管理工作，使工作人员及时掌握乡村艺术团活动开展情况，提高了管理者收集信息速度及准确性。

瓯海区乡村艺术团信息管理培训

瓯海区乡村艺术团2019年度总结表彰大会暨乡村艺术团联合会成立仪式

（二）联合助力发展，积极适应新形势

瓯海区乡村艺术团联合会的成立，为积极参与乡村艺术团建设的人开辟了一条新的渠道，搭建了一个新平台、新载体，成为瓯海区委和区政府联系乡村艺术团的桥梁和纽带。今后，瓯海区乡村艺术团联合会还将充分激发和调动新的乡村艺术团队的积极性、主动性和创造性，引导他们成为促进瓯海乡村文艺繁荣发展的示范者。同时，充分发挥联合会成员在各行业优势、资源优势，定期开展交流研讨活动，为今后乡村艺术团的发展搭建建言献策平台，使其充分参与瓯海区乡村文化生活，做提升基层公共文化服务水平、助力瓯海创建国家公共文化服务体系示范区、助推乡村文艺繁荣发展的"智囊团""践行者"和"助推器"。

（三）完善奖励机制，创新建设添动力

瓯海区发扬党的群众文艺工作的优良传统，充分尊重群众主体地位，以群众为服务对象和表现主体，坚持"群众编、群众演、群众演给群众看"的方式，反映身边事、身边人、身边情，让观众产生强烈共鸣与认同感，最终通过"政府搭台、群众唱戏、社会参与"的模式，让群众从"台下"

走到"台上",从"观众"变成"演员",让群众的生活"美"起来。对乡村艺术团的优秀作品、优秀人物、优秀事迹进行奖励,让老百姓实实在在感受到文化带来的喜悦感、幸福感、满足感。2019年度瓯海区共计表彰10支优秀乡村艺术团、20位优秀团长、30位优秀团员,鼓励、引导更多的群众参与到乡村文化事业中来。

四、取得成效

瓯海区乡村艺术团大本营在2018年9月落地后保证了瓯海区103支乡村艺术团有阵地、有平台、有机制、有指导地有序进行:对成熟的团队进行包装转型(目前瓯海区已有近40支团队在民政、工商部门注册);输送文化礼堂负责人、乡村艺术团团员参加省市级文化培训,截至2019年7月,已输送文化人才5人;创作了《全村的希望》《我和我的驿站》《龙腾瓯海》等具有地方特色的代表性原创作品;围绕全区中心工作组织开展主题宣传巡演和文化走亲等活动,截至2019年12月,已开展"创建国家公共文化服务体系示范区""食品安全""扫黑除恶""三服务"等主题巡演197场,文化走亲38场,分享活动30余场,大大提高了群众对示范区建设的知晓度、参与度和满意度。2020年,瓯海区将进一步推进瓯海区乡村艺术团建设工作,充分调动和激发乡村艺术团的积极性和创造性,提升基层公共文化服务水平,助力瓯海区创建国家公共文化服务体系示范区,助推乡村文艺繁荣发展。

(瓯海区文化馆)

"一村一团"联动共享激发基层文化创新活力

一、项目背景

平阳县是千年古县,素有"东南小邹鲁"之美誉,全县陆域面积 1051 平方千米,海域面积 1300 平方千米,常住人口 88 万。近年来,平阳县大力推进公共文化服务体系建设,有效对接温州"30 分钟农村文化圈",基层文化设施每周开放 42 小时成常态,百姓书屋、农村电影室内固定放映点以及一批"朗读亭"建成投用,平阳县农村文化生活圈不断扩大,文化互动愈加频繁,使得公共文化示范创建在农村落地生根。开展了文化艺术节、市民文化节、全民阅读节、"艺苑星空""一镇一品""文化 T 台"等特色文化品牌活动,营造了浓厚的城乡文化氛围。

作为温州市组建村级文艺团队的试点县,平阳县先行先试,以"单独建团、邻片组团、互补联团"的模式,有效激发基层文化活动,催生更多更具活力的公共文化服务。平阳县乡村艺术团的组建和运行,是创建国家公共文化服务体系示范区的重要举措,推动了社会力量参与公共文化产品生产和供给,打造了"自我创造、自我表现、自我服务、自我教育"的文化新模式,体现了创新性、带动性、导向性、科学性,取得了良好的社会反响。

二、主要做法

(一)广泛动员,充分调研

平阳县高度重视组建工作,第一时间召开组建动员大会和部署会,动员各乡镇、各有关单位，进一步统一思想、明确任务、强化举措，统筹推进乡村艺术团组建工作。成立4个组建工作指导组，各工作指导组深入一线，协助基层文化部门走访调查，摸清基层文艺群体（包括群体规模、爱好门类、能力水平等）和文化活动场所（包括场所规模、配套设施设备等）基本情况，多次专题调研乡村艺术团组建工作，为组建工作奠定良好基础。

（二）率先垂范，全面覆盖

平阳县在全市打响乡村艺术团组建工作第一枪，2018年5月，成立了温州市首个乡村艺术团——昆阳雅山元洲乡村艺术团。在雅山元洲乡村艺术团这支样板艺术团的带领下，平阳县采用"单独建团、邻片组团、互补联团"方式，9月、12月成立第二、第三批乡村艺术团，2019年9月，完成乡村艺术团组建及信息变更。目前，平阳县共有乡村艺术团253支，实现全县454个村居（社区）全覆盖，并成立乡村艺术团总部和16个乡村艺术团总团，让更多的群众参与文化、创造文化、享受文化，推动公共文化服务向广覆盖、高效能转变。

平阳县乡村艺术团实现全覆盖

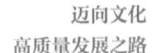

（三）培养人才，强化保障

平阳县把乡村艺术团成员纳入基层文化人才培养计划，针对乡村艺术团特点和紧缺人才，举办了多期培训班。发动县文化馆业务干部、文化下派员、乡镇文化员等业务骨干开展网格化服务，通过"分片包干"制度，加强对乡村艺术团的工作指导。积极探索以奖代补、纳入政府采购、引入社会力量等方式，强化组建工作的经济保障。

（四）宣传引导，营造氛围

平阳县乡村艺术团的组建和运行工作走在全市前列，得到省文化和旅游厅厅长褚子育，温州市委常委、宣传部部长胡剑谨，温州市人民政府原副市长郑朝阳等领导的充分肯定，胡剑谨部长批示说道："平阳开展乡村艺术团试点是积极的有为的。"人民网、新华网、中国文化网、浙江新闻网等30多家主流媒体争相报道，乡村艺术团成为平阳县公共文化服务社会化的一张文化名片，也是文旅体产品开发供给实现新突破的一个典型范本。

三、创新亮点

（一）乡村艺术团组建运行实现从"投石问路"向"建章立制"转变

平阳县乡村艺术团组建运行工作从一开始就朝着科学化、规范化、制度化的方向前行。平阳县制定了《推进乡村艺术团组建工作实施方案》，出台了《平阳县乡村艺术团管理制度（试行）》，从根本上规范和指导乡村艺术团的组建运行工作。

（二）基层文化服务效能实现从"单一低效"向"丰富高效"转变

平阳县充分整合利用原有阵地资源，鼓励乡村艺术团入驻当地农村文化礼堂、乡镇及村（社区）基层综合文化站等公共服务阵地，开展常态化公共文化活动，提高基层文化阵地使用效能。启动乡村艺术团孵化基地项目，为乡村艺术团提供基本的活动场地、有效的指导服务和一定期限的政策扶持，持续滚动孵化和培育乡村艺术团。

（三）基层人民群众实现从"要我参加"向"我要参加"转变

平阳县通过举办乡村艺术团才艺大比拼、县文化艺术节、"一镇一品"等活动，让基层人民群众广泛参与各级赛事及当地品牌活动展演。比如，昆阳雅山元洲乡村艺术团参加央视《感动中国》第八届"群文杯"全国总决赛，以"甜心辣舞"节目荣获全国银靴奖。又如，青街乡王神洞村乡村艺术团包含婚嫁仪式队、竹竿舞队等，艺术门类颇具当地民族特色。

（四）文化行政部门实现从"管文化"向"办文化"转变

平阳县采取社会购买服务、经费补助、实物配给、网格化服务等方式，鼓励社会力量参与组建运营，例如，雅山元洲乡村艺术团由雅山村村民委员会和浙江元洲文化传播有限公司联合组建，已申领企业法人资格，引入文化公司公益资金赞助，专业人才参与管理，同时参与文化市场购买。在组建后的后续展演工作中，县级文化部门将职能下放，让乡镇文化部门主导管理，县级文化部门指导监督，发挥乡镇集聚、辐射带动作用，实现乡村艺术团互联互通。

媒体报道平阳县首批乡村艺术团成立仪式

（五）基层文化服务供给实现从"不充分"向"多样化"转变

在"一镇一品"的基础上，平阳县延伸"一村一品"，整合县、镇两级文化下乡、文化走亲、非遗展示等文化项目。2019年，平阳县文化和广电旅游体育局开展文化走亲5场，并要求各乡镇开展每月一主题、每季度跨乡镇、每月跨村走亲活动，给予各乡镇季度文化走亲活动0.8万元/季度补助，各乡镇月主题展演活动0.3万元/月补助，调动普通群众参与公共文化的积极性，推动乡村艺术团活动常态化。

四、取得成效

乡村艺术团的组建，为解决乡村文化工作缺人才队伍、常态化运营困难等难题注入了活力，带来了生机，推动了公共文化服务向广覆盖、高效能转变。一是解决文化阵地"建管用育"脱节问题。乡村艺术团活动的开展有效提升了文化设施使用率。二是解决文化内生动力不足问题。乡村艺

乡村艺术团文艺表演

术团的组建壮大了基层文化队伍，扩大了有效供给，丰富了群众的文化生活。三是解决公共文化服务供需错位问题。乡村艺术团通过让老百姓既当观众又当演员，变"独乐乐"为"众乐乐"，不论是"阳春白雪"还是"下里巴人"，都由老百姓自己选择，提升文化享受的自主权，激发乡村文艺爱好者潜力，实现了从"送文化"向"种文化"的转变。四是解决城乡文化发展失衡问题。乡村艺术团的组建培育和活动开展为农村文化繁荣不断注入活力，缩小了城乡文化发展的差距，完善了城乡公共文化服务体系，推动了基本公共文化服务均等化。

（平阳县文化和广电旅游体育局）

永嘉县乡村艺术团掀起乡村振兴新热潮

一、项目背景

2017年，永嘉县在实施文体深化年建设过程中，各乡镇建立了一批乡村文体俱乐部，承办县级文化赛事活动，组织乡村文体俱乐部文化走亲活动，开展本地文艺骨干培训。2018年，围绕国家公共文化服务体系示范区创建工作，永嘉县对原有的基层文体俱乐部进行提升，通过"单独组建、邻片组团、互补联团"等组建方式、"镇街总团、村（社）分团"等运行模式和"分类指导、分级补助"等扶持机制，组建成立了457支乡村艺术团。艺术团成立后进驻村文化礼堂、文化中心等基层文化阵地，大大提高了文化阵地的使用效率。

二、主要做法

根据市局的要求，2018年5月，永嘉县着手在全县范围内组建乡村艺术团。通过调研摸底、召开讨论会、广泛征求意见等前期工作，于2018年7月出台永嘉县乡村艺术团建设实施方案。通过单独组建、邻片组团、互补连团等多种方式，成立乡村艺术团457支。

1. 以奖代补，支持运营

将乡村艺术团经费项目统一纳入每年的基层公共文化经费，通过以奖代补的形式，对乡村艺术团的运营经费予以适当补助。2018年下拨乡村艺术团经费136.5万元，2019年下拨乡村艺术团经费86万元，对艺术团的运营给予一定的经费补助。

2. 文化场馆免费开放

目前,永嘉县有乡镇文化中心22个、村文化礼堂139个、百姓舞台79个、社区文化活动中心81个,基层文化设施基本实现全覆盖。各公益文化场馆要将排练场、书画室、多功能厅、展览厅、舞台等公共空间免费向乡村艺术团开放。乡村艺术团成立后,永嘉县文化和广电旅游体育局统一制作乡村艺术团牌匾,让已经组建完成的艺术团进行挂牌,让他们进入村文化礼堂、文化中心等文化场所,在文化阵地上建立工作室,一个工作室可以由多个艺术团共享。

3. 政府采购,大力支持

永嘉县将发展成熟的乡村艺术团逐步纳入当地公共文化服务的政府采购范围。鼓励乡村艺术团参与本地举办的各类艺术节、全民阅读节等文化节庆活动,鼓励乡村艺术团参与当地的各类"三下乡""进社区""进学校""进企业""进军营"等文化慰问活动,鼓励乡村艺术团参与其他文化惠民工程。

4. 分片包干,指导业务

永嘉县文化广电和旅游体育局作为乡村艺术团主办部门,建立了乡村艺术团工作领导小组,谋划了乡村艺术团建设发展思路;县文化馆加强对乡村艺术团的业务指导;各文化站承担起属地管理职责,加强对乡村艺术团的工作指导,经常召开座谈会,听取工作汇报,帮助其明确发展目标,理清发展思路,夯实发展基础。鼓励发展成熟的乡村艺术团到当地民政部门登记注册备案。县文化馆业务干部、乡镇文化员通过网格化服务管理平台,建立"分片包干"制度,通过政府采购等方式,吸引社会力量参与,深入乡村艺术团开展业务分类指导,不断规范乡村艺术团服务,农村文化礼堂总干事、行政村(社区)文化员要成为乡村艺术团的"领头羊"。

5. 等级评定,奖励优秀

永嘉县文化和广电旅游体育局对乡村艺术团进行调查摸底,建立乡村艺术团的基本信息数据库。开展乡村艺术团的"评星定级"工作，通过"评星定级"完善激励机制和退出机制，实施乡村艺术团星级服务管理，对于优秀星级乡村艺术团，在资金扶持、设备配送、人才培养、政府采购等方面予以优先考虑。

6. 舆论宣传，扩大影响

永嘉县充分利用广播、电视、报纸、网络等新闻媒体，大力宣传政府鼓励、支持、引导乡村艺术团发展的政策举措，宣传乡村艺术团在"文化永嘉"建设和创建国家公共文化服务体系示范区中的重要地位和作用，宣传乡村艺术团中涌现出的服务基层、服务群众的先进团队和先进事迹，不断扩大乡村艺术团的社会影响。

三、创新亮点

1. 一团一品，加强品牌建设

乡村艺术团队立足"一团一品"，引导文艺爱好者结合各自特点组建团队，打造品牌特色活动，把品牌建设作为直接关系团队壮大实力、扩大影响的大事来抓，通过品牌建设更好地满足广大基层群众的文化需求。乡村艺术团立足基层，努力挖掘民间文化资源，创作特色文艺作品，开展品牌文艺活动，塑造"一团一品"文化品牌，形成有声有色、百花齐放的群众文化活动局面。

2. 培养人才，提高业务素质

永嘉县文化馆将乡村艺术团纳入文艺人才培养计划——"群星计划"，经常性开展针对乡村艺术团负责人和骨干成员的各类培训，切实提高其政策理论水平和综合业务素质。文化馆业务干部、乡镇文化员和文化派驻员、永嘉表演艺术类公益大联盟成员单位也会根据乡村艺术团的需求，进行业务指导，让乡村艺术团强起来。此外，积极将优秀乡村艺术团负责人和骨干成员吸纳到各级公益性文化事业单位，参与各类公益文化活动和文化志愿者服务，逐步提高其业务素质和组织能力。

3. 搭建平台，提升服务能力

永嘉县通过永嘉县农村文化体育深化年和农民文化节的各大系列主题活动为各乡村艺术团搭建展示平台。各乡镇（街道）结合当地特色举办乡村艺术团展演、乡村"联盟行"、"村晚"等群众性文化活动。县本级通过举办乡村艺术团展演、村歌大赛、农民广场舞大赛、乡村达人秀、视觉艺术作品展览、乡村文化大走亲等群众性活动，积极推荐乡村艺术团参与各类省级、市级文化活动，有效提高乡村艺术团的公共文化服务能力和水平。

4. 广泛交流，拓宽服务领域

乡村艺术团通过整合服务，实现跨镇、跨村资源互补、形成合力、共同发展，更好地拓宽服务领域，丰富服务内容，提高服务质量。开展镇级、村级文化走亲，让团队"活"起来；开展乡村艺术团大赛，让团队"嗨"起来；带着乡村艺术团走出去，让团队"靓"起来；组织乡村艺术团结亲，让团队"联"起来。

乡村艺术团文化走亲活动破除门户壁垒，使全县的大村与小村、沿江村与山区村、经济富裕村与贫困村、汉族村与少数民族村、戏曲村与民俗村之间进行文艺演出交流，真正实现纵向互动、横向交流，资源共享，优势互补，活跃了城乡群众的精神文化生活，取得了良好的社会效益。

5. 多方融资，保障活动经费

乡村艺术团经费项目纳入每年的基层公共文化经费，通过以奖代补的形式，对乡村艺术团的运营经费予以适当补贴。尝试县、镇、村三级财政经费支持，多方筹措资金，建立乡村艺术团项目扶持专项资金，让团队发展有保障。同时，鼓励有条件的乡村艺术团自力更生，通过企业品牌冠名、企业赞助、个人捐款方式争取社会资金支持。永嘉县文化和广电旅游体育局对优秀的乡村艺术团进行表彰奖励。

四、取得成效

永嘉县乡村艺术团的建立发展，满足了群众的文化需求从"单一性"向"多样性"、从"普泛性"向"特色化"、从"享受文化"向"参与文化"的转变。2020年1月3日，《浙江永嘉乡村艺术团：掀起乡村振兴新热潮》专题报道刊登在《中国文化报》专题版面。

1. 强引领，提高"文化大餐"覆盖面

自 2017 年年底，温州市获第四批国家公共文化服务体系示范区创建资格以来，永嘉县作为温州市乡村艺术团组建试点单位，根据创建要求，以"因地制宜，盘活资源，整体提升，规范服务"为原则，分阶段、有计划地开展乡村艺术团组建工作，至今已成立乡村艺术团 457 支，实现全县 22 个乡镇（街道）全覆盖，艺术团成员达 15900 多人，专场演出 600 余场，盘活了全县各类文化资源，壮大了基层文化力量，有效破解了基层农村公共文化服务供给不均衡不充分问题，扩大了公共文化服务覆盖面。

2. 补短板，激活公共文化"神经末梢"

永嘉县乡村艺术团的组建和运行，激发了基层"自我造血"功能，推动社会力量参与公共文化产品生产和供给，实现了文化治理格局从"分散线状"向"共建共享"转变，有效推动了城乡文化同频共振、同步繁荣。乡村艺术团活动的常态化开展，有效补齐了文化场馆辐射范围有限、远郊资源薄弱、基层文化配送供不应求、居村综合文化活动室利用率低等"短板"，极大地提升了基层公共文化服务效能和服务品质。

3. 重参与，转变文化主体角色定位

永嘉县乡村艺术团的组建激发了各类社会主体的积极性，汇集了来自社会的文化创造力和活力，变政府"独唱"为社会"合唱"。乡村艺术团通过比赛、巡演、展览、培训等系列文化活动，使"草根民星"的创作表演欲望得到释放，让各个村都有了自己的乡村艺术"明星队"，推动了基层人民群众从"要我参加"向"我要参加"的转变、基层公共文化服务由"送文化"向"种文化"的转变,提高了人民群众的获得感和幸福感。丰富多彩、健康文明的乡村艺术团活动,不仅丰富了村民的文化生活,更对净化乡俗民风起到了积极作用。

(永嘉县文化和广电旅游体育局)

苍南县"文化礼堂联盟"实现村级公共文化建设联动发展

一、项目背景

近年来,苍南县公共文化服务体系建设步入发展快车道,文化事业日新月异,但也面临着发展不平衡不充分的问题,城乡文化氛围差距继续拉大,乡村公共文化服务已无法满足农村群众精神文化新需求。为此,苍南县创新探索"文化礼堂联盟"建设模式,在中心城镇先行先试,充分调动基层群众积极性,走出了社会力量参与文化礼堂运营的新路子。

一是基础设施全面提升。全县公共文化设施总面积突破60万平方米,设施布局从"全设置"走向"全覆盖",建成了以县图书馆、文化馆等县级文化场馆为龙头,18个乡镇综合文化站、188个农村文化礼堂、195个"农家书屋"为基础,2个"城市书房"、7个"百姓书屋"、2个"文化驿站"为补充的"苍南模式"。

二是群众文化深度普及。苍南县各乡镇以"节""会"为载体,匠心打造"一镇一品",大力普及群众文化活动,灵溪浙闽边贸文化节、中国(金乡)台挂历展销会、五凤开茶节等地方节庆群众文化活动,成为浙江省乃至全国知名的地方活动品牌,苍南县年均开展各类惠民活动近万场。

三是文化众筹深入实施。作为全省构建现代公共文化服务体系的试点县之一,苍南县文化馆是全省第一批推进事业单位法人治理结构改革的唯一县级试点单位,把"众筹"理念引入公共文化服务体系建设,为社会力量搭建文化共建共享平台。苍南农村文化中心建设创新模式获评第一批创建国家公共文化服务体系示范项目。2018—2020年，社会力量参与文化建设投入资金近5亿元。

二、主要做法

为推动文化礼堂形成"抱团发展、资源共享、优势互补"的发展新格局，2018年以来，在县城率先试点的基础上，苍南县统筹谋划了试点工作"七大运行机制"，力争打造"有朝气、有人气、有底气、有地气"的文化礼堂共同体。

（一）分片自治扬朝气

一是建立联络片制，联盟下设盟主和秘书处，主持文化礼堂联盟的全面工作和正常运转，并以村（社区）为单位划分若干片区，每个片区推选一位文化礼堂总干事任联络组长，负责联系、协调本片区文化礼堂工作。二是建立例会制，联盟实行盟主、秘书长、当月轮值的联络片组长每月例会制和联盟成员年度会议制，同时，盟主、秘书长、联络片组长不定期召开片区会议，确保文化礼堂联盟常态化、实效化开展工作。

（二）轮值接力聚人气

苍南县在全省首创轮值制，每个片区依序每月轮流出任当月轮值礼堂，该片区联络组组长牵头开展活动，其他片区文化礼堂积极参与、形成联动，建立片区内多堂合一、片区间文化走亲的发展模式，该做法得到省委领导重要批示，既有效解决了一些礼堂举办活动困难、文化活动匮乏以及礼堂间沟通交流太少、各自为政等问题，同时增加了参与人群，使文化礼堂从"单打独斗"走向"抱团发展"，实现了礼堂功能和活动成效的最大化。

（三）资源共享增底气

一是建立文体节目点单制，联盟对内深入盘点各村文化礼堂的文体资源，着力建立人才资源库和节目共享库，根据文化礼堂的不同需求开展菜单式点单服务，共建共享全镇的文化资源和成果。二是建立民间社团结对制，对外与民间社团联合开展文化送亲、文化选亲、文化定亲活动，共享部分功能场馆，免费提供创作和活动基地，同时要求民间社团为文化礼堂举办特色活动。三是建立市场化运作制，对位置比较偏远、人口相对稀少或不擅长组织活动的文化礼堂，采用购买社会服务的形式，通过与公益组织、民间社团合作，进行市场化运作，盘活社会资源。

（四）月月主题接地气

建立月月主题制，轮值的片区文化礼堂结合实际情况和文化特色，确定当月活动主题，旨在传承和弘扬本地特色传统文化，打破文化"以村为界"的瓶颈。2019年，以灵溪镇文化礼堂联盟为例，先后开展以"迎新春联欢会"为月主题的文化"百家宴"、以"畲族文化"为月主题的"东阳第二届少数民族文化交流节"、以"上巳节祈福"为月主题的"三月三"民俗文化活动等，深受群众欢迎。

三、创新亮点

一是礼堂捆绑式运行。在原本分散的文化礼堂间建立"计划联排、活动联办、队伍联建"的联动抱团制度，化零为整，搭建起共同运作平台，最大限度将各类文化资源加以整合利用，实现"1+1>2"的社会效益。

二是设施自主式管理。文化礼堂联盟在充分了解村民需求后，建立本地人才资源库和节目共享库，把礼堂的管理和使用变成群众"自己的事"，切实提高村民的参与度和文化礼堂的使用率，真正推动文化礼堂"活"起来。

三是活动主题式开展。依托文化礼堂联盟载体，创造性地实施"月月主题"特色活动，推动文化礼堂由节日活动型向长效机制型转变，由局部活跃型向全域覆盖型转变。

四、取得成效

"文化礼堂联盟"建设模式试点工作经历了一年多的探索实践，农村文

化礼堂的"文化堡垒"作用再次凸显,亮点频频,主要成效有三个方面:

一是打造了自种文化的"新起点"。文化礼堂联盟变过去文化活动"政府大包大揽"的模式为"群众自发组织"的模式,真正实现了乡村文化落地生根、自我生长。自联盟成立以来,各文化礼堂已自发联动开展群众喜闻乐见的文体活动近50场,参演节目基本由群众自主创作,形式涵盖广场舞、旗袍秀、村歌、渔鼓、木偶戏、卖技、戏曲等,深受欢迎。

二是打造了特色文化的"孵化点"。文化礼堂联盟依托各村文化礼堂特色资源,建立人才资源库和节目共享库,汇聚渔鼓、卖技、木偶戏等传统文化和魔术、曳步舞等流行文化人才资源,实现人才队伍的交流协作和双向互动。目前,人才资源库已吸收优秀本土文艺人才379人,节目共享库汇聚综艺类、民俗类、技艺类等乡土节目近400个。

三是打造了礼堂文化的"衔接点"。通过联盟统筹、互帮互助的形式,集思广益、众筹资金,解决了创新缺席、资金缺位的难题,激发了农村文化礼堂的活力,加深了各村之间的文化交流与碰撞,实现了文化礼堂共命运、同发展。

下一步,苍南县将继续坚持"文化礼堂、精神家园"的核心定位,以"文化礼堂联盟"为纽带,把各地文化礼堂串点成线,全面搭建"礼堂 + 乡村艺术团"的共同运作平台,打造文化礼堂系列品牌活动。高标准全力提升礼堂管理水平,高质量、全方位培育礼堂文化。

(苍南县文化和广电旅游体育局)

引入社会力量，激发工业重镇公共文化创新活力：柳市文化中心盘活资源办文化探索实践

一、项目背景

柳市镇位于浙江省乐清市，地处乐清湾之滨、瓯江口北岸，被誉为"中国电器之都"。当前，柳市镇工业经济蓬勃发展的同时，其公共文化事业步入最好的发展时期。一方面，柳市镇有着深厚的文化底蕴，拥有"全国文明镇""中国民间艺术之乡""浙江省文化强镇"等多张名片，拥有乐

柳市文化中心

清黄杨木雕、龙档、细纹刻纸等多项国家级非物质文化遗产的技艺传承。

2017年6月，柳市镇高标准打造的柳市文化中心正式投入使用。文化中心包含大礼堂、非遗文化展厅、图书馆、文化驿站等功能区块，硬件设施完善，是浙江省内乡镇中规模最大的公共文化综合体。

硬件完善的同时，柳市镇坚持政府主导，发挥市场作用，引入社会力量，整合利用各类文化服务资源，着力提高公共文化服务效能。柳市镇主打"公益课堂""文化驿站""柳川读书会""柳川杯"等公共文化品牌，通过丰富多彩的活动切实提升文化软实力，构建出具有柳市特色的公共文化服务体系，打造以文化中心辐射全镇、以点带面、全面开花的文化发展新格局。

二、主要做法

（一）专业人才传知识

柳市文化中心长期与各类专业文艺人才合作，开设公益课堂，提供菜单式服务，面向市民免费开放。课堂内容涵盖声乐、器乐、书画、摄影、非遗项目、交谊舞、形体、普通话、茶艺、插花等，做到了月月有主题、周周有安排、天天有活动，市民可根据兴趣爱好"点单"上课。目前，参与柳市文化中心授课的老师有100余人，每年安排公益课800余场，每晚参与活动的平均人流量在千人以上，受益群众30余万人次。

（二）文化社团促交流

柳市文化中心采取预约登记、统筹安排场地等方式，为各类文化社团免费提供教学、学习、排练等活动场地，同时，文化社团定期面向市民举办文化课程。目前，柳市文化中心已为32家在民政部门注册、资质较好的文化社团提供活动支持，有效解决了文化社团缺乏活动场地的实际困难，为推广和普及民间艺术提供了空间和平台。

柳市文化中心公益课堂

（三）多元合作强服务

为盘活柳市文化资源，柳市文化中心除了面向专业人才和社会文化团体，还积极发动"社会力量办文化"，引入更精更专的商业文化力量。经过审核，共有20余家文化公司签约入驻并签订合作协议。对文化公司而言，入驻文化中心需支付一定的租金，但租金比市场上同地段便宜；同时，入驻的公司要开设一定场次的公益活动。如"红飘带舞蹈"签约入驻后，已开办瑜伽、形体、舞蹈等基础性公益课70余场，一方面用专业技能满足群众的文化需求，做到了惠民便民，另一方面受益于文化中心文化资源丰厚、人流量大的优势，更多客户主动上门，新招收了100多名高端课程的付费学员，该公司得到了丰厚的宣传红利。

三、创新亮点

（一）品牌活动"锁"住粉丝

经过几年的培育与完善，柳市文化中心通过引入社会力量，已成功举办了不少品牌文化活动。比如"柳川读书会"，至今已举办了68期，每周五晚与读者见面，每期邀请温州市知名人士分享读书体会，让读者有所思、有所得，因此，每期读书会的参与市民多达百人以上，读书会也已成为不少市民每周五晚的固定节目。比如"公益课堂""文化驿站"，课程丰富多样，每晚在文化中心多个空间上演，不少市民上了这堂课再上那堂课，流连忘返，乐趣多多。

（二）社会资源反哺社会

柳市文化底蕴丰厚，有不少组建逾30年的社会文化社团，如今，他们在文化中心有了"家"，也不忘用社会资源反哺社会。比如老牌文化社团"柳川书画院"，在文化中心四楼有了每周定期免费使用的场地，可以组织聚会，进行书画展览。作为回报，柳川书画院为市民开设公益课堂。书画家们开设的书法课和绘画课受到市民追捧，期期课程均有上百人报名。同为老牌文化社团的"柳川诗社"，曾经受限于场地，鲜少活动，现在诗社在文化中心有了场地，既能开会也能上课，活动内容丰富多样，截至目前已经举办了40期主讲诗词格律的诗词沙龙。文化繁荣也带动了新社团的出

文化社团音乐沙龙

现。新成立的"柳市戏曲协会"入驻文化中心后，排练戏曲节目有了好去处，参与柳市镇组织的文化下乡活动的积极性更高了，不仅受到老年观众的欢迎，更普及了戏曲文化，让更多年轻人爱上了戏曲。

（三）高端演出连看不停

每逢年底，文化中心大型活动日程总是排得满满当当，签约入驻的文化公司从自身领域出发，举办少儿艺术节、展览、文艺汇报演出等大型公益文化活动，市民们免费入场观看，丰富了精神文明生活。据统计，文化中心至今共举办了200余场次大型文化活动。

而作为政商强强合作的老牌知名赛事，"柳川杯"歌手大赛早已成为乐清市家喻户晓的音乐赛事，目前已经连续举办了24届。大赛采用政府搭台、知名企业冠名赞助、柳市镇音乐舞蹈家协会专业团队具体操办的运作模式，兼具专业性与群众性，是柳市镇文化惠民活动的中坚力量。近几年，每届决赛于文化中心大礼堂唱响，座无虚席，受到全城关注。

四、取得成效

柳市镇以新思路凝聚社会力量，引导其有序参与公共文化建设、支持公共文化事业，以文化中心为载体，通过公共文化服务设施集聚、文化资源集聚和文化人才集聚，不断满足市民日益增长的多元化精神文化生活需求，初步形成了以"政府主导、社会参与、多元投入、协力发展"为基本特征的现代公共文化服务治理结构，切实提升了群众的获得感、幸福感。

（乐清市文化和广电旅游体育局）

泰顺县"我想我享"文化快线解锁偏远山区服务新模式

一、项目背景

泰顺县位于浙江省南部，县域总面积1761.5平方千米，辖12镇7乡，总人口37.1万人，是集山区、边区、老区和少数民族聚居区为一体的全省"26县"之一。自2015年被列入省基本公共文化服务标准化"重点县"以来，泰顺县为加强公共文化服务的建设做了不少努力，也卓有成效，但是与基层群众日益增长的精神文化需求相比，还存在着公共文化服务供需失衡、城乡公共文化发展差距大、基层文化服务人才队伍较薄弱等不足。在温州市被列入国家公共文化服务体系示范区的背景下，泰顺县也一直思考如何更好地把公共文化服务延伸到偏远地区，延伸到更需要的人群中，整合社会力量，集中社会资源，共享共惠，实现公共文化服务均等化、效能化、普遍化。

"我想我享"是泰顺县文化馆在探索基层公共文化服务新模式时推出的一项全民技艺普及行动，它的提出和建立正是突破了阵地服务的局限性，让文化活动真正流动起来，"走"到更远的地方，"走"近更多群众，让群众随时能享受到贴心便捷的文化服务。

二、主要做法

2018年，泰顺县文化馆推出了"文化快线"点单配送服务和"我享我唱"流动式音乐互动沙龙，其灵活便捷的形式受到老百姓们的追捧，2019

年7月，这两个项目参加了温州市公共文化服务创新项目评审和交流活动，经专家建议，两个项目升级整合成"我想我享"，并被列入温州市公共文化服务创新项目重点培育名单。

（一）便捷点单，促进精准惠民

"我想我享"包含"我想"和"我享"两大板块，"我想"即"我想学"，"我享"即"我享演"。在微信公众号开设"我想"服务专栏，点击"我想"填写资料，即可完成点单报名，通过线上的便捷点单系统、线下精准送上培训辅导的文化服务之后，将"我想"落地成为"我享"。

（二）丰富内容，打造活动平台

"我想我享"内容丰富多样，如"我想"文化快线通过热点分析、问卷调查等方式进行20多种不同门类文化课程的设计，让培训内容更接地气，更有人气；而"我享"包含"我享我秀"（走秀专场）、"我享我唱"（演唱

"我享我舞"广场活动

专场)、"我享我诵"(语言专场)、"我享我舞"(舞蹈专场)等不同活动,为居民提供了多样的展示平台。

(三)整合资源,推进文化普惠

"我想我享"服务针对的是全县所有人群,覆盖面更广,有乡村艺术团、社区居民、机关单位、学生、教师、军人、弱势群体等单位和个人,为使培训和活动顺利开展,整合全县优秀资源,"我想"文化快线培训辅导以文化馆专业干部"三三"考核机制、蚂蚁艺工团团员积分制、公益大联盟泰顺县委员会会员积分制等激励制度激发文化馆专业干部、蚂蚁艺工团讲师队和公益大联盟成员等县内优秀艺术人才参与的积极性,保证师资"供"源充足。"我享"活动平台则联合县里音乐家协会、舞蹈家协会等优秀艺术团队,实现活动共享共惠,实现城乡最大利用、最大覆盖。

"我想我享"全民技艺普及行动

(四)组织保障,提升服务效能

以文化馆馆长为项目总负责人,以培训部、活动部为主要配置中心,每个乡镇的点单任务由文化馆网格员具体对接,并结合多种反馈形式,如点单者反馈表填写、参与群众个别访谈、师资队伍服务后感想等,做到专人负责、定期梳理、及时改进，满足群众对服务的"真需求"。

三、创新亮点

（一）全民参与，活动更接地气

"我想我享"活动形式灵活便捷，活动成本相对较少。"我想"培训根据群众点单时间送服务上门，而"我享"活动平台根据季节的变化、人流的多少适时调整活动时间，使服务更加灵活，更加迎合百姓生活。不同于其他文化活动，"我想我享"不设任何门槛，在已开展的活动中，年龄最小的表演者才4岁，最大的72岁，男女老少都积极踊跃，争当"民星"。

（二）多元主题，活动更具内涵

"我想我享"活动内容丰富多样，开设春节特辑，进校园系列专题，进军营、红歌系列专题，"音乐带你去旅行"文旅专辑、暖冬系列专辑等，力求在全民艺术普及中发挥创新引领作用，满足群众多层次的文化需求。同时，在活动中经常穿插不同主题的有奖知识问答，如示范区创建知识、民

泰顺县文化馆流动艺术培训进军营

俗知识、廉政知识等，既寓教于乐，又加强了与观众的互动性。

（三）多方宣传，活动更有人气

活动的主题、内容、时间、地点等预先通过微信平台、网站、朋友圈等多种方式进行广泛宣传，使更多的老百姓能够明确地了解到"我想我享"是什么、怎么报名"我想"培训、何时可以参加"我享"活动展演等问题。针对开展过的每场活动，泰顺县文化馆都将现场的精彩图片、视频在微信平台上及时发布，同时鼓励市民自发拿起手机进行录像和拍照，将活动精彩画面、现场感受上传至微信，形成了一人上台、全家宣传，以及台前与幕后、官方与民间、场内与场外、图片与文字竞相报道的热烈局面。普通的老百姓成了朋友圈的"明星"，宣传效果很好，影响广泛。

四、取得成效

"我想我享"全民技艺普及行动实现了公共文化由政府"独角戏"向全民"大参与"的转变，由以政府"送文化"为主导向以群众"种文化"为主体的转变，一场场活动成为群众身边的一道道"家常菜"，为群众文化生活注入了无限的活力与生机。

（一）促进精准化，让公共文化服务供需有效对接

通过热点分析、下乡调研、问卷调查等方式进行课程设计，有瑜伽、人文历史专题、器乐等20多种不同门类的课程，"我想—文化快线"自2018年9月以来共收到来自19个乡镇86支团队的106次各种内容的点单，为2820人提供了他们真正需要的文化服务。

（二）推进均等化，缩小城乡公共文化发展差距

"我想我享"活动受众广，可参与性强，从2018年"我享我唱"到2019年的"我想我享"，共开展了105场，现场观众58100人，参演人数3560人，让文化真正服务于基层。同时，"我想我享"活动重视对弱势群体的服务，为留守儿童、残疾人、孤寡老人、外来务工者等增设了专辑活动，

泰顺县文化馆流动艺术培训进文化礼堂

增强了他们的文化自觉和文化自信,形成了人人参与、享受文化生活的良好局面。

(三)引领示范化,培养基层公共文化人才队伍

"我想我享"活动重视基层人才队伍的培养,尤其是乡村艺术团的建设,通过"我想"培训,给45个乡村艺术团送去器乐、舞蹈、走秀等培训和节目提升辅导等,而泗溪夕阳红乡村艺术团、筱村章前垟畲村乡村艺术团、东溪最美琴桥乡村艺术团等多家乡村艺术团,纷纷积极参与到"我享我舞""我享我唱""我享我秀"活动中,乡村艺术团通过辅导和展示,水平不断提高,成长为引领一方文化活动的中坚力量。

(泰顺县文化馆)

楼里有家：社区特色文化阵地　构筑百姓精神家园

一、项目背景

公共文化的根在社区，在基层，在乡村，在城市的街道。自"楼里有家"项目创立以来，鹿城区文化和广电旅游体育局坚持以党建为引领夯固根基，坚持以文化为依托铸就活力，秉持"融合共筑"理念，因地制宜，引导需求，用优质服务惠及辖区群众，不断创新载体、开发模式，从文化多元、模式多样、宣传多层等方面做文章，提升辖区居民的幸福感和获得感，推动了文化阵地服务能力不断升级，成为城市文化新地标。

二、主要做法

（一）推动多元化文化活动

一是驱动资源共享。鹿城区利用区域链工程建设契机，充分发挥南汇辖区行政中心、文化中心区位优势，联合大剧院、博物馆、科技馆等单位，开展主题活动，向市民输送福利。比如，大剧院的浙江省戏剧节免费赠票活动，大大激发了辖区市民的文化热情，为传统曲艺捧场助力。

二是深耕传统文化传承。以文化基因传承为目标，主打传统手艺、国潮文化传承体验。截至 2019 年年底，鹿城区开展了关于七巧板、茶艺、古琴、篆香、越剧、中医药膳等方面的传统文化，瓯绣、瓯陶、温州剪纸等本土文化的专场和系列活动共 300 余场，主题为青少年对传统文化的传承发展。

三是带动现代多元体验。鹿城区文化和广电旅游体育局策划精油香皂、健康口红、精细手作、优雅插花等精致体验专场，开设阅读沙龙、心理读书会、脱口秀开放麦等分享体验专场，以及舞蹈、美术、健身多类别的现代艺术生活学习，并根据市民意向搭建舞台，举办了多场草根演出。

（二）抓品牌，实现双升级

一是传统品牌活动升级。在桂柑文化家园，由松台街道综合文化站牵头设计方案，推出了"我和共和国同龄"慈孝生日会，第63期慈孝生日会在传统的行祝寿礼、吃生日蛋糕、送节目演出等常态活动基础上，增加了做喜庆灯笼的手工、一起组队猜红歌名和开展国家历史知识竞赛等环节，还有为祖国献祝福的环节，使得本场慈孝生日会赢得了社会广泛关注。

二是公共文化志愿服务团队升级。整合社会活动资源，妥善运用辖区学校、社团组织活动资源，组建了一批"专业志愿者'常驻'，社会各界'合奏'"的公共文化服务宣传队伍，统筹调配，按需在辖区开展丰富多彩的公共文化服务活动。如在浙江省文明办和浙江交通之声开展"唱响伟大祖国颂歌"社区歌会的第一站——桂柑社区，由街道各文艺团队参演，为辖区居民群众带去了精彩的文艺演出活动。

三是深度学习常态化。坚持系统深入学习理念，面向老年人、成年人、青少年、少儿等多群体，常规开设声乐、瓯绣、朗诵、排舞等方面的系统公益课，让道德讲堂、党员活动室变成"大舞台"，组建理论宣讲"百姓名嘴团"，开展各类宣讲12场次，并与辖区单位形成科普共建，各社区积极开展科普活动，并结合科普宣传周开展诸多精彩的科普活动，场场人气爆满。

四是文体共飨可持续。依托楼里文化家园、综合文化站以及百姓健身房，充分发挥阵地资源优势，开设文化、体育类活动，使各类文体活动持续、深入开展。其中，少儿排舞、曳步舞、成人中华韵等在全市表演比赛

南汇街道党群服务中心公益活动

中荣获佳绩。"城市书房"全天候提供优良阅读环境,让广大读者普遍叫好;"一卡通""纯公益"百姓健身房的开设,深受群众欢迎,日均健身人数逐渐增多。

(三)开展多层次全面宣传

一是注重需求。利民之事,丝发必兴。群众有需求,南小汇必响应。坚持需求导向,策划活动、设计项目首先征求市民意见,始终把群众喜欢排在首位。比如,为满足市民对二胎低龄儿童活动的需求,特开设少儿主持、少儿声乐课等少儿公益课。

二是适应潮流。在发布宣传信息、征集民意时,依照群众喜闻乐见的形式,不断调整文风、画风,在坚持内容精练的同时,追求画面鲜活、生动。比如,公众号平台府东路168号,因新潮鲜活的风格备受群众肯定。

三是贴心沟通。专门设置微信客服号南小汇,接受市民咨询、沟通,首先端正态度,诚心做好群众服务工作。经过半年的运行,南小汇共接待

1600 余位市民好友，接受报名咨询、需求咨询等数万条，并加入周边 20 余个市民业主群，接受咨询并进行宣传工作，覆盖人数 3000 余人。

四是注重文化韵味。菱藕文化礼堂邻好书院以崭新的面貌服务居民，将菱藕文化元素上墙，一面面精心制作的扇子和手工爱好者创作的工艺品被布置在墙面上，同时，在社区楼道里打造楼道文化，让每面墙都有亮点可看，每面墙都有故事可讲，焕发书香活力。

五是结合热点。2019 年，松台街道举办了多场公共文化活动，如举办了"辉煌 70 载 筑梦新时代"系列主题活动，还相继举办了青少年绘画征集大赛、合唱比赛和第二届舞林大会暨排舞（广场舞）大赛，每场比赛老中青幼都热情参与，比赛过程中穿插了公共文化服务活动问答环节，通过互动和赠送小礼品，提升了辖区创建公共文化服务建设的群众知晓度和参与度。再如，在菱藕社区开展的菱藕金秋献礼中华人民共和国成立 70 周年暨庆祝菱藕社区书画社成立十周年百扇展活动中，菱藕书画社的成员们不仅展示了精美的扇子，同时表演了京剧《咏梅》、双扇舞、葫芦丝演奏、温州话散讲、女声独唱等节目，最后在座的所有成员集体为公共文化服务体系创建工作送去视频祝福。

三、取得成效

一是切实服务了群众。鹿城区以文化民生为根本，为群众提供更加优质、高效的文化服务，不断满足广大人民群众对美好生活的精神文化需求。健身房满足了居民健身娱乐的需求；"城市书房"实行 24 小时自助，使居民在家门口就可以享受到读书乐趣；无数精品公益课程让居民尤其是占辖区人数较大比例的老年人享受到了学习的乐趣，丰富了业余生活。

二是整合了资源。鹿城区通过公共文化设施体系建设、丰富公共文化服务活动形式和加强公共文化服务建设活动宣传工作，把优质资源整合起来，以全面构建公共文化服务体系为主线，在锻造文化队伍时多方引入社会资源，全力提升文化服务效能和质量。

三是扩大了影响。松台街道各文化阵地的活动多次被中央、省市媒体报道，其中桂柑社区"我和共和国同龄"登上《中国日报》海外版和学习强国平台，菱藕社区老年人创意手工活动献礼中华人民共和国成立70周年被刊登在学习强国浙江平台主页面。

（鹿城区文化和广电旅游体育局）

永嘉县文艺红旗小分队送文化进万家

一、项目背景

永嘉县属中国东南沿海丘陵地形区，境内有山地丘陵2308.5平方千米，占全县面积的86.32%，全县乡村人口为676382人，占总人口的69.61%，是一个典型的山区县。其中一些交通不够便利的偏远山区，文化发展依然存在着发展不充分的问题。

2017年10月，党的十九大报告提出，"完善公共文化服务体系，深入实施文化惠民工程，丰富群众性文化活动"。永嘉县也出台了《深化农村文化体育建设 助力乡村振兴战略实施方案》（永委办发〔2018〕39号），提出"围绕乡村文化振兴，进一步丰富群众精神生活"的工作部署。为打通党的十九大精神宣讲的"最后一公里"，永嘉县文化馆特地组建文艺红旗小分队，走进革命老区、希望学校、福利院、居家养老中心、贫困山区等特殊场所，把文艺节目送到老百姓的家门口，为基层弱势群体送去文化慰问。

二、主要做法

永嘉县文化馆于2017年1月组建了一支由专业干部和在往届农民文化节中产生、"群星计划"培养出来的"草根明星"组成的"永嘉县文化馆文艺红旗小分队"。通过三年多的探索和实践，小分队以其灵活便捷的形式受到老百姓们的追捧，并为实现精准服务全县文化"最后一公里"迈出了坚实有力的一步。

（一）责任分工，落实有效对接

为了准确掌握永嘉县文化服务"最后一公里"的真实状况，分析研究实现文化"最后一公里"精准化服务的重点和难点，永嘉县文化馆一方面多次召集全县22个乡镇（街道）文化站的站长和村（社区）的文化管理员代表召开专题研讨会，多方听取意见，另一方面成立以文化馆馆长为项目总负责人，以业务科室为主要配置中心、以办公室为后勤保障的活动小组。每个乡镇的点单任务均由文化馆网格员具体对接，做到了专人负责、及时沟通，满足了群众对服务的"真需求"。

（二）精简装备，打破时空限制

永嘉县文艺红旗小分队服务的重点目标是交通不便利、文化设施落后、自办文化能力弱、上级部门文化服务供给机会特别短缺的特殊场所。围绕这些场地的特殊性，小分队的设备、人员做到了最精简，突破了交通、场

永嘉县文化馆文艺红旗小分队走进夹里村

地、布景、时间、气象等方面的限制。

（三）文以载道，丰富群众精神

永嘉县文艺红旗小分队不断创造和打磨思想性、艺术性、娱乐性相兼容的文艺作品，既满足了群众的文化需求，又有效宣传了国家精神、核心价值观、思想政策方针。

（四）多元主题，满足不同需求

永嘉县文艺红旗小分队精准对接基层群众需求，分别走进革命老区、希望学校、福利院、居家养老中心、贫困山区等特殊场所，针对不同的群众、不同的场所，选送不同的文艺节目，满足了群众多层次的文化需求。每到一个场地，还会邀请当地的乡村艺术团参与表演，同时在活动中积极与观众互动，调动观众积极参与。

（五）多方宣传，提高活动人气

在每场活动开展后，永嘉县文艺红旗小分队都会及时发布现场的图片、视频、信息，并通过网站、微信、报纸、电视、抖音等平台广泛宣传。演出时，台下的观众也会自发拿起手机录像和拍照，将活动精彩画面、现场感受上传至微信，形成宣传热潮。

三、创新亮点

（一）队伍接地气

文艺红旗小分队的队员都是永嘉县文化馆的业务骨干以及往届农民文化节产生或"群星计划"中培养出来的"农民歌王""农民达人""农民书画家"等"草根明星"。相对于专业演员，这些"草根明星"的时间要自由得多，有更多的时间可以外出表演。

（二）作品贴民心

永嘉县文艺红旗小分队的文艺作品讲究量身定做。

（1）为时代量身定做，因时而变。作品紧密结合不同节庆日、最新时

永嘉县文化馆文艺红旗小分队走进洛溪村

政需要,将国家最新政策、最新思想从枯燥的文件里提取出来,与生动活泼的文艺相结合,通过通俗易懂、很温暖、很"泥土味"的形式及时、精准地植入百姓心中。

(2)为不同的群众量身定做,因人而异。为了让文艺作品精准地送到不同群众的心里,永嘉县文艺红旗小分队的作品资源库中设有保留节目、机动节目、临时创作节目三种类别的作品。保留节目为适合所有人观看的经典节目,机动节目是根据不同类别的观众、不同节庆日准备的节目,而第三类是每到一个新地方挖掘当地特色节目,在演出前通过短时间的辅导而参与进来或现场发挥的与当地群众互动的节目。

(三)服务灵活机动

小分队通过各乡镇(街道)点单的形式,精准送服务。小分队演出的装备讲究轻型、简单,搬运、安装讲究灵活、便捷。遇到大巴车开不到的山村,队员们就身体力行徒步将道具搬运到现场。有舞台时就在舞台上演

乡村百姓大舞台活动

出,没有舞台时就"以天为幕布,以地为舞台"。这种落地就能演、扛起设备就能走的形式,突破了交通、场地、布景、时间等方面的限制,不仅减少了开支,也方便了群众。

(四)经费节省、表演高效

为降低费用,小分队一天走进两个村子,以减少包车的费用。

四、取得成效

从2017年1月成立以来,永嘉县文艺红旗小分队的足迹遍布全县22个乡镇(街道)的100多个村子,共开展活动120多场次,受益群众4万余人,为革命老区、希望学校、福利院、居家养老中心、贫困山区等特殊场所送去文化慰问,将习近平新时代中国特色社会主义思想和党的十九大精神送到城乡社会的"末梢神经",打通了"最后一公里"。

(永嘉县文化和广电旅游体育局)

平阳县"一核多联"文艺团队联动机制

一、项目背景

"一核多联"文艺团队合作机制以平阳县文化和广电旅游体育局主导，平阳县旅游和体育事业发展中心、平阳县精神文明建设指导中心、平阳县文学艺术界联合会、平阳县总工会、平阳县妇女联合会、共青团平阳县委员会、平阳县新居民服务中心、平阳县残疾人联合会、平阳县关心下一代工作委员会等多部门协同联动，坚持把握正确导向，提升文化自觉，在政府主导中集聚多方力量，建立协同协作的文化机制，在共建共享中改善文化民生，在创新发展中提高服务效能，重基层、保基本、优结构、求实效，为群众提供全面、便捷、优质的公共文化服务，不断推动公共文化服务体系建设向广度和深度拓展。

二、主要做法

"一核多联"文艺团队联动机制创新项目自立项以来，平阳县文化和广电旅游体育局高度重视，多次召开专题会议，研究创新项目工作的推进，成立工作组，明确各自职责。项目组成员分小组深入一线文化阵地，调研全县文化需求和文艺团队的基本情况，寻找全县文艺团队建设运行的短板，展开内部大讨论，并广泛征求意见。在此基础上，研究制定《"一核多联"文艺团队联动机制实施方案》，并以此为指导，全面铺开全县文艺联动活动，探索"一核多联"文艺团队联动机制的建立和运行模式，开展常态化活动，营造浓厚的国家公共文化服务体系示范区创建氛围。

在实施方案的指导下，平阳县文化和广电旅游体育局开展了丰富多彩的文艺团队联动活动。2019年9月20日，平阳县文化和广电旅游体育局与平阳县总工会、平阳县新居民服务中心联动，举办平阳县新居民才艺展演，用丰富多彩的表演形式，表达了新居民对中华人民共和国成立70周年的深情祝福。现场座无虚席，数百名新老居民观众共赏歌舞，气氛热烈。2019年10月18日，平阳县文化和广电旅游体育局与平阳县残联（残疾人联合会）、平阳县慈善总会、昆阳镇政府联动，举行残疾人专场文艺演出活动，此次文艺活动给残疾人提供了一个展示自我、表达自我的平台，取得了良好的社会反响。

此外，在"一核多联"文艺团队联动机制的推动下，平阳县还举行了县新时代文明实践中心曲艺杂技专场演出、县文联纪念张鹏翼老先生诞辰120周年纪念会、县妇联"家国70年 我家的变化"家庭文化节活动、"让爱留守 共建最美家庭"平阳县留守儿童公益服务项目主题活动、县残联残疾人特殊艺术进文化礼堂等活动，通过部门联动，极大地激发了多元主体参与公共文化服务的热情，受到了社会各界的肯定和广泛好评。

平阳县新居民才艺展演

三、创新亮点

（一）整合资源，建立要素保障机制

整合县文化和广电旅游体育局及各联动单位（团体）的活动资金、活动场所、设施设备、文艺人才、活动平台等资源，互补互助，互通有无，提高各要素的使用效率，建立健全要素保障机制，以达到人尽其才、物尽其用。

（二）辅导培训，建立队伍保障机制

由县文化馆负责对"一核多联"文艺团体联动活动进行指导，充分发挥专业文艺干部的"传帮带"作用，对各联动单位（团体）在活动策划、节目编排、文艺人才等方面进行辅导培训，既要保障活动顺利开展，又要培养文艺人才队伍。

（三）共建共享，建立协同协作机制

激发群众文化自觉，从文化部门"独角戏"转向多部门"群英会"，让"大众"与"精英"都积极参与到赛事和展演活动中来，打破部门（团体）之间文化活动的藩篱，共建共享，探索出一条多元文化相融相生、特色文化互补互动、先进文化共建共享的文化发展新路。

四、取得成效

"一核多联"文艺团队合作机制通过实践探索，有针对性地解决了当前公共文化服务存在的一些突出问题，从一定程度上实现了文化服务的均等化、多样化、常态化，从而迸发出更强的生命活力。

（一）实现了资源的有效整合

一方面，将分散的活动串联起来，抓品牌重影响，抓特色重带动，抓规模重成效，将全市群众文化活动纳入整体化、系统化模式，形成一个纵横交错的文化活动体系；另一方面，积极引导社会力量参与，充分发挥文艺团队、文艺人才的优势和力量，实现了各类文化资源的统筹整合利用，

迈向文化
高质量发展之路 | 温州市公共文化服务创新案例汇编

文艺团队表演现场

形成了最大的文化张力和合力。

（二）丰富了群众的精神生活

依托各部门公共文化服务设施和各类文化阵地，精心组织丰富多彩的公益活动，一方面在内容安排上考虑不同层次和不同类别群众的需求，量身定做符合群众需要的文化产品和文化服务，丰富服务内容，拓展服务领域，力求做到雅俗共赏；另一方面在形式上力求多样化，多种文艺团队参与，既有戏曲、歌舞表演，又有视觉艺术的展览，通过活动常态化的开展，引导群众参加积极向上的精神文化活动，促进了群众素质的提高和社会的和谐。

（三）提升了城市的文化品位

群众是城市的主体，群众文化水平和文明程度的高低决定着城市的品位，以丰富群众文艺生活和提高城市文化氛围为活动导向，一系列活动的开展塑造了城市的文化形象，展示了城市的文化品牌，推动了城市的文化发展，将社会主义核心价值观的丰富内涵和实践要求充分融入群众文化生活，以先进文化引领平阳经济社会发展。

（平阳县文化和广电旅游体育局）

文成县乡土化培育再造凸显山村文化亮色

一、项目背景

文成县以本地历史名人明朝开国元勋刘伯温（刘基，字伯温）的谥号为名，于1946年建县，全县总面积1296.44平方千米，是一个"八山一水一分田"的山区县，也是一个集山区、库区、革命老区为一体的全省"26县"之一，全县辖12个镇、5个乡，城市社区14个，居委会1个，建制村229个。2019年年末全县户籍总人口41.08万人。近年来，文成县针对环境再造和文化植入不协调、文化特色不明显、主体培育侧重点不强等短板，以"环境再造的文化植入"为抓手，通过规划上突出特色、项目上注重一把手领衔、资金上强化统筹整合、阵地上拓展文化舞台、主体上加大实施培育等系列举措，在环境再造中精雕细琢，做好文化植入，将"山里、村里、刘基故里、佛教、红色"等元素融入环境、特色活动等。

如果说环境再造让文成县"白起来""美起来"，文化植入则让其"富起来"，文成县将更加注重地方的产业植入与业态培育，按照可看、可玩、可购、可吃、可体验的标准顺势向特色文化、产业等延伸，力争打造成不仅有颜值而且有内涵的"白富美"文成，让文成更具吸引力。

二、主要做法

（一）规划上突出文化特色

立足文成县文化特色，坚持守正创新，持续用力打响"刘基文化、佛教文

南田武阳文化驿站

化、红色旅游"三张文化名片。启动谋划编制《文成县文化旅游发展"十四五"规划》，并形成初稿。按照"集点、连线、汇面"的思路，布局打造以县城为中心、九大景区为节点的"1+9"特色文化驿站，目前已建成3家。

（二）项目上注重一把手领衔

县领导领衔破难，基层干部合力攻坚，打造了一批文旅融合的现代旅游综合体。如县委书记领办天湖闲情示范带，以"高山生态休闲时尚圈"为主题，实施了石庄文化古村落、新亭创3A级景区、篁庄旅游特色村改造、天顶湖生态农庄等文旅融合项目；县长领办畲乡风情示范带，以"畲乡风情、禅修养生"为主题，实施了森林氧吧创客中心、畲乡民宿村、西坑畲族风情小镇、天圣山文化园、隐修谷禅修中心、中华逸境养生园、最牛外婆家等文旅融合项目。

（三）资金上强化统筹整合

整合政府资金投入，积极引导社会工商资本共同开发文化设施建设，与浙旅集团（浙江省旅游集团有限公司）签订了投资达 50 亿元的合作协议，组合打造文旅融合的乡村旅游综合体。引导社会资本实施政府托管社会化运营模式，由政府出资在景区内建成文化设施，由第三方运营管理的景区书屋托管达 15 家。

（四）阵地上拓展文化舞台

搭建属于百姓的"山水舞台"，举行乡村艺术团对决赛，打造文成文化舞台前沿阵地。在建成集聚图书馆、文化馆、博物馆等设施的县文化中心后，先后建成问道刘基馆、浙南民俗文化展示馆、毛泽东像章纪念馆，以及一批乡镇百姓书屋、精品农家书屋等文旅设施。

让川"三味书屋"

（五）主体上加大力度实施培育

鼓励、支持"公司＋农户"经营模式发展，引导一家一户式的传统销售向代理、品牌授权等现代营销转变。把当地的名人效应、生态优势、文化个性逐步融入特色产业。影视文化产业发展迅速，近两年新增影视企业180余家，实现营业额4亿元，积极打造具有文成特色的"文艺大军"。

三、创新亮点

（一）构建优质文旅项目，强体系

加强全县文化旅游产业的规划编制，确保全域文化旅游资源高品质开发、可持续利用。积极推进刘伯温文化园、玉壶东大门、江南小居田园综合体、凤凰山文化园、森林氧吧小镇、毛泽东像章馆、空中花园小镇等项目的落地和建设，进一步推进刘伯温故里AAAAA级景区创建。开展专项招商引资工作，在景区开展重点内容和区域的定点招商引资工作。强化市场主体建设，大力支持县旅投公司做大做强，争创全省知名文化旅游企业。

（二）提升全域文化旅游，优环境

打造全域旅游发展空间布局，形成"一心一环六组团"的全域旅游空间布局，实现城乡全结合、城乡全覆盖和城乡分主题发展的目标。加快智慧文旅平台建设，推进"互联网＋文化""互联网＋旅游"，打造文化和旅游大数据平台。完善全县旅游产业运行大数据监测平台建设，加快AAA级以上景区、乡村旅游点智慧化改造。做好新媒体运维工作，建立全县文化和旅游政务新媒体体系。

（三）培育文化旅游活动，重宣传

通过相关剧目、专题影片等的热播，或者相关综艺节目的播出，引领时尚潮流，激活相关文化旅游资源，激发现代文化旅游热潮，并推动媒体创意策划开展相关文化旅游活动，以活动带动产业发展，形成"一镇一节"的文化节庆活动格局。

（四）挖掘人文旅游资源，亮优势

积极挖掘宗教、太极、长寿、民族、养生等文化旅游资源，打造公共文化服务新地标。此外，鼓励引入民间文艺演出团体，以政府购买服务的方式，弥补乡村文艺工作者和文化建设短板。

（五）创建文化人才培养新模式，夯基础

组建123支乡村艺术团，入驻乡镇文化站、农村文化礼堂开展各类文旅活动，实现了全县村居全覆盖。

四、取得成效

截至目前，全县共创建A级景区村庄102个，其中AAA级景区村庄20个，AAA级景区村庄占比居全市首位。通过发展一批非遗体验点，进一步加大了对文化旅游资源的挖掘与保护。全县共有2个国家级、3个省级、200多个市县级非遗项目，融入民族节庆、工艺、技艺，西坑镇畲族让川村悦慢民宿集散中心、巨屿镇葛泽村十亩之间农庄民宿入选温州市非物质文化遗产体验基地。成功举办了刘基文化节、太公祭、枫情节、梨花节、

西坑畲族镇畲族婚嫁习俗表演

二源镇农民丰收节

瀑布节等系列节庆活动，依托资源，旅游搭台，文化唱戏，以文化旅游活动大力推介文成形象。比如，依托红枫古道举办的枫情节，让文成县内保存较为完好的70余条红枫古道、共计3000多棵古枫树成了镇"县"之宝；而梨花节的举办，则拉长了梨花到梨的观赏周期，更让南田、二源等地的梨提前找到了"下家"。周壤栀子花节、云江文化旅游节、平和茶文化节等，都围绕自身特色做足文章。

（文成县文化和广电旅游体育局）

洞头区弘扬"海霞精神"打造红色公共文化品牌

一、项目背景

洞头"海霞精神"的生成来源于洞头先锋女子民兵连,连队的先进事迹曾被写成长篇小说《海岛女民兵》并改拍成电影《海霞》,这是海岛洞头独有的红色文化符号,是洞头人民的精神指引。为进一步挖掘"海霞"品牌的时代内涵和时代价值,强化洞头女子民兵连军事能力建设,提升海岛公共文化服务水平,增强公共文化与城市建设、经济社会融合发展的能力,近年来,洞头区积极贯彻落实习近平同志贺信指示精神,着力擦亮全域性红色公共文化品牌——"海霞文化",不断凝聚其新时代文化内核,用"海霞文化"熏陶人,用"海霞历史"教育人,用"海霞精神"鼓舞人。

二、主要做法

(一)抓顶层设计,高规格打造"海霞文化"

洞头区成立以区委书记为组长、区长为第一副组长的海霞军事文化发展工作领导小组,下设海霞办,区委区政府一把手多次部署指导"海霞文化"建设,把"海霞文化"建设放在极其重要的地位,将"海霞文化"打造纳入年度考核,集全区之力打造"海霞文化"品牌。成立"海霞文化"发展研究会、海霞学院,搭建传承、研究、弘扬"海霞文化"的交流平台,提升"海霞文化"研究水平。加强洞头先锋女子民兵连建设指导性意见和相关政策,实施准军事化管理,每年核拨专项经费75万元,建设洞头先锋女子民兵"连中连",夯实"海霞文化"建设基础。

(二)抓价值导向,高标准讲好"海霞故事"

洞头区深入挖掘整理海霞事迹的文字、影像资料,力争实现社会主义核心价值观全域化、大众化、本土化,如精心编排全市首部大型原创励志舞台剧《海霞青春梦》,拍摄国内第一部描写新时代海岛女民兵事业、爱情、生活的微电影《海岛女民兵的爱情故事》,成立全国第一支民兵宣传队"洞头先锋女子民兵连国防教育宣传队",新创作了画册《海霞》、宣传片《海霞》等作品,出版了《海霞口袋书》《海霞口述史》《霞光璀璨》等书籍,《海霞新曲》获评"温州好歌曲",微电影《海霞新传》获省微电影大赛二等奖,舞蹈《海霞》获温州市原创舞蹈比赛表演第一名。举办声势浩大的女子连建连50周年、55周年等纪念活动,组织"寻找最美海霞""海霞青少年体验军事基地夏令营""我们都是海霞电视论坛"等活动,让"海霞精神"渗透到社会各行各业。

(三)抓阵地建设,高质量展示"海霞品牌"

洞头区将"海霞文化"元素充分融入城市建设,编制了《海霞村历史文化

电影《美丽海霞》合作签约仪式

村落保护利用规划》，签订了海霞民兵小镇框架性协议，完成了海霞红色旅游文化创意园一期工程、海霞军事主题公园改扩建工程、美丽渔村精品工程三大建设项目，命名海霞路、海霞中学、海霞公园等一批市政设施，在区内重要地点、关键路段布置海霞文化雕塑、海霞文化品牌宣传栏等，在全域范围铭刻海霞印记。实施洞头先锋女子民兵连纪念馆提升工程，丰富实物图片资料，全方位、多侧面、多层次地展现了女子连创建过程及时代背景和走过的光辉历程。

海霞市民艺术团成立新闻发布会

三、创新亮点

（一）健全体制机制，构建"大海霞"品牌格局

洞头区从"大海霞""大文化""全域化"等角度出发，坚持洞头区委、区政府的整体领导和协调作用，整合区委宣传部、区人民武装部、区文化和广电旅游体育局、女子民兵连、海霞文化发展工作办公室等部门单位资源，推进"海霞"品牌建设工作；发挥洞头区海霞文化研究会、"海霞妈妈""海霞电力""海霞应急救援队""海霞志愿消防队"等社会团体作用，通过统一标识、统一形象建设、统一活动方式等，增强红色公共文化

品牌——"海霞文化"的合力，提高社会影响力。

（二）吸引社会力量，鼓励市场化运作海霞品牌

认真贯彻落实国家、省市文化发展扶持政策，争取落实更多的国家、省、市专项资金，重点支持海霞品牌发展。创新融资方式，拓宽融资渠道，推广应用 PPP（Public-Private-Partnership，公共私营合作制）融资模式，积极引导社会资本参与更多海霞品牌领域的投资、营销推广工作。全力打造海霞民兵小镇，改造扩建海霞军事主题公园，建设海霞学院，引入红色主题餐饮、时代主题民宿、研学教育基地、军事主题营地等新业态。组织参与区外文化交流活动与会展活动，把"海霞"品牌与"海霞文化"的产品和服务推向全国、推向世界。

（三）突出队伍建设，全方位建设红色公共文化"海霞"品牌

洞头区以纪念洞头先锋女子民兵连建连 60 周年为契机，创作了一批海霞文化精品，深化"学海霞"系列主题文化活动，鼓励"海霞"社会团体开展活动，重温海霞经典事迹，传承"海霞精神"，丰富海岛文化内容，营造全民共建"海霞"城市文化品牌氛围，让海岛群众共享红色公共文化发展成果。以"海霞文化"研究会为平台，洞头区加强与温州大学等高校开展定向合作，形成了一支研究"海霞文化"品牌的专家队伍。打响洞头"海霞红色文化"旅游品牌，挖掘"海霞"红色基因，大力发展红色文化创意、红色文化节庆等，构建有特色的红色文化旅游产品体系。大力发展以海霞为主题的文化艺术创作，鼓励工作室、个人等发展影视传媒产业，开发"海霞"影视剧、宣传片、微短片等产品；结合洞头传统工艺美术产业，打造一批"海霞"小礼品，推进产业化发展。

四、具体成效

（一）海霞精神影响力不断扩大

洞头先锋女子民兵连代表曾先后受到党和国家领导人接见，建连 50 周

年时习近平总书记发来贺信，勉励洞头区在新的历史时期继续大力弘扬洞头先锋女子民兵连"海霞精神"。《海霞，让金字招牌有了战字底蕴》《"海霞"新传人，民兵好主官》登上了《中国国防报》头版头条，一时间海霞特战女民兵走红网络，引发百余家网络主流媒体转载报道。同时，洞头区借助新媒体平台传播海霞文化，大力促进爱国主义教育和全民国防教育的深入开展，为"海霞"走出温州、走出浙江、响遍全国贡献力量。

（二）海霞主题阵地不断扩大

以"海霞"为主题的基础设施逐渐完善，洞头先锋女子民兵连纪念馆、海霞军事主题公园、海霞村等旅游场所成为海霞红色文化教育基地、海岛群众爱国教育及国内外游客必去的经典打卡圣地，并荣获"浙江省爱国主义教育基地"称号，洞头区被全国红色旅游工作协调小组办公室授予"红色旅游书屋"牌匾。

（三）海霞传承队伍不断壮大

目前，洞头区已成立了海霞市民艺术团、海霞市民服务团、海霞女子散文社、海霞妈妈平安志愿者协会等组织和社团，组建了海霞慈善义工队、红十字海霞应急救援队、海霞电力女子服务队等一批"海霞精神"传承队伍，他们经常开展志愿活动，已成为海岛最靓丽的一道红色人文景观。洞头先锋女子民兵连编制先后两次荣立集体一等功，9次被总部、原南京军区和浙江省政府评为先进单位。

（四）海霞品牌效益不断增强

海霞精神已成为国防后备力量建设的一面旗帜，是具有光荣传统和时代特色的先进典型。海霞文化已成为洞头区城市公共文化服务的一张"金名片"，海霞足迹遍及洞头每个角落，繁荣、丰富了海岛群众精神生活，海霞风采也在社会各个领域得以体现。

（洞头区文化和广电旅游体育局）

浙南产业集聚区"车间文化"建设

一、项目背景

温州浙南产业集聚区(以下简称集聚区)总人口约30万(其中,户籍人口10.3万,流动人口19.7万),外来人口众多,新温州人占67%,全国各地文化与本土文化经过不断融合,形成了开放、包容的社会风尚。多年来,集聚区致力于打造产城融合的滨海新城,现有工业企业3000多家,其中年主营业务收入在2000万元以上的企业近400家,是温州市企业园区的主阵地,是助力温州市创建国家公共文化服务体系的示范区,集聚区认真梳理区域现状与问题,深入思考面向企业员工的文化服务新模式,着力打造"车间文化"文化服务创新项目。通过增加文化服务产品供给量、创新文化服务方式、推送品牌活动等措施,集聚区把优质的文化服务直接送给企业员工,把文化之根深植企业车间,搭建各企业(车间)之间文化信息交流平台,共筑"同心、实干"车间文化生态圈,为营造良好的集聚区营商环境增添了靓丽的色彩。

二、主要做法

集聚区"车间文化"服务项目通过一系列措施,推动建设"车间书香阅览室",筑成具有区域特色的"车间文化生态圈",并不断推出车间好故事、车间好声音、车间好团队,深受企业员工欢迎。

(一)丰富载体,挖掘车间文艺人才

"车间文化"通过车间天籁之音、车间达人秀、"最亮明星"等活动,推出一批车间文艺人才。群众文化活动以"魅力集聚区·放歌新时代"文化艺术节为主线，串起"1+5+10+35+N"主题文艺活动，即1年度精品会演、5场文艺赛事、10场主题车间文艺巡演、35个秀场活动和N个车间自主特色活动，连珠成串，形成了全年序列化文艺活动格局。

车间艺术时空快闪活动1

（二）搭建平台，共筑车间文化生态圈

集聚区搭建各企业（车间）之间文化信息交流平台和"集聚区车间艺术时空"艺术展现平台，通过双平台收集企业家和员工的创业奋斗史，宣传正能量。车间好故事、车间"艺·匠"短视频评比、幸福车间展、车间艺术时空等活动深入人心，筑成了具有集聚区特有风貌的"车间文化生态圈"。

（三）精准服务，深植车间文化之根

集聚区以政府主导、社会力量购买服务方式开展公益培训，免费公益

车间艺术时空快闪活动2

车间企业员工文体活动

文化艺术课堂全年开设课程，企业员工可通过集聚区公众号报名参加培训。"城市书巴"（流动图书馆）流动式服务，公益电影由"流动向固定、室外向室内"转变，车间文艺大巡演等服务精准到位。集聚区推动建设"书香车间阅览室示范点"文化阵地，通过企业自主申报创建，文化主管部门主导评估，每年推出一批示范点，并向周边企业员工辐射开放。

（四）出台制度，推动车间艺术团建设

集聚区制定《2019年企业艺术团活动方案》（温浙集（开）文体〔2019〕6号），设立企业艺术团总部进行专项指导，指导企业自主建设特色车间艺术团，努力实现车间文艺社团建设全覆盖；支持、鼓励社会力量购买文化服务，引导各车间艺术团进行义演活动，设立文艺培训基地；出台《浙南产业集聚区企业文化活动团队（个人）考核奖励办法》，通过以奖代补的形式建立活动运行和人才建设的长效机制，落实文化干部"网格化、下沉式"分类培训指导。

三、创新亮点

（一）符合区域特殊情况，实现公共文化精准服务

集聚区"车间文化"服务项目充分考虑区域内企业众多、员工文化生活不够丰富的问题，推动"车间书香阅览室""车间艺术团"等阵地建设，创新文化服务新模式，不断增加文化服务供给量，使优质的公共文化服务精准到位，把文化之根深植企业车间。

（二）满足群众精神需求，创设文化活动良好氛围

车间好故事、车间好声音、车间好阅读、车间好团队、车间好时空等活动，深受企业员工欢迎，各种正能量信息汇聚文化信息交流平台，构建出"相熟、相助、相融、相亲"的文化交流新格局，接地气、凝人气、传正气，使社会主义核心价值观深入人心。

（三）同步文化制度建设，盘活公共文化运行机制

集聚区同步配套一揽子政策，在政府主导下，鼓励社会力量购买公共

文化服务，参与到车间文化项目建设中，设立文艺培训基地，广泛开展公益培训和艺术团义演活动，保障服务供给提质增效。

四、取得成效

一是搭建各企业（车间）之间文化信息交流平台，充分发挥典型示范带动作用，构建"相熟、相助、相融、相亲"的车间文化交流新格局，接地气、凝人气、传正气。二是共筑"同心实干"车间文化生态圈，共享文化改革发展成果，增强文化自信和文化认同，提高文明素质。三是让公共文化产品和服务供给提质增效，公共文化服务与现代科技融合发展，社会力量参与建设管理蔚然成风，公共文化服务体制机制创新卓有成效，公共文化服务保障不断强化，人民群众的文化获得感和满意度显著提升。

（浙南产业集聚区文化教育旅游体育局）

第三章

全民阅读服务创新

城市书房

文化驿站　乡村艺术团

文化礼堂　温州艺术节　全民阅读节

市文化节　乡村文艺繁星计划　图书馆法人治理结构改革

非国有博物馆群　非遗体验基地　全民技艺1510普及工程

物馆文物点阅　文化温州云　新雨立体阅读　毛毛虫上书房阅读汇　籀园讲坛

普及　新时代车间文化　蚂蚁联盟志愿者　文艺创编孵化中心　温州诗词大会　阅读马拉松

图书馆　名家视野　百姓书屋　城乡艺网　山水舞台　城市书巢　云端大舞台　江心屿金秋文化节

会　江心屿跨年音乐节　畲族风情旅游文化节　我想我享文化快线　市民艺术团　残疾人文化艺术周　城市书展　候鸟计划

【篇首语】

在国家全面建设小康社会的战略目标中，建设现代公共文化服务体系是其重要内容，而利用各种社会资源推动和促进全民阅读，保障全体社会成员的基本文化权利，则是建设现代公共文化服务体系的主要内容。

促进全民阅读，是全社会的事情。作为公共文化服务设施，公共图书馆等书刊收藏机构利用自身丰富的文献收藏、宽敞的阅读空间、便捷的服务手段，开展丰富多彩的阅读推广活动，把更多的读者吸引到公共阅读服务场所，让更多的社会成员喜欢上阅读，享受阅读所带来的愉悦。

如此说来，阅读推广服务，在保证其基本服务的基础上，增强服务形式的多样性，创新服务方法，就显得尤为重要。温州市的公共文化服务体系建设卓有成效，温州市的公共图书馆等服务机构在促进全民阅读方面有探索也有创新，对国内同行产生了很好的示范作用。

一、全民阅读服务创新，要充分发挥地方政府的主导作用

公共经济学理论告诉我们，凡是涉及全体社会成员的公共事务，必须由政府起主导作用。党和国家关于建设现代公共文化服务体系的一系列战略部署，以及国家已经实施的《中华人民共和国公共文化服务保障法》和《中华人民共和国公共图书馆法》，都反复强调要发挥政府的主导作用。在

公共文化服务范畴，促进全民阅读的基础，就是要有比较成熟和现代化的公共服务设施，也就是人们通常所说的公共图书馆和文化馆。站在公共文化服务领域来说，促进全民阅读，同样需要充分发挥地方政府的主导作用，具体包括制定相关政策和保障公共文化服务条件。从本章的八个案例中，都能看到温州市各级政府的作用，尤其是温州"城市书房"，它是由温州市政府与社会力量合办，依托各级中心图书馆而建成的24小时开放的场馆型自助公共图书馆。

二、全民阅读服务创新，要重视社会力量的参与

国家关于建设现代公共文化服务体系的政策和法律，也都强调在政府主导的前提下，欢迎社会力量以各种形式参与公共文化服务。这样既能满足个人、企业法人、社会组织等各种社会力量回报社会的需求，也能在一定程度上补充公共财政投入的不足，最终目标是更好地满足全体社会成员的公共文化需求。

全民阅读，本就应该是全体社会成员共同参与的事情，除了公共图书馆应利用自身条件全力推动和促进全民阅读外，其他社会成员（个人、法人、组织）也都有责任和义务积极参与全民阅读服务。一方面，不断增加个人的阅读时间和阅读量，组织各种内部的阅读活动，完善组织文化；另一方面，以饱满的社会责任感，捐赠一定的物质资源或财力资源，支持和帮助地方政府，在兴办公共文化、保障公民阅读条件方面，做出积极的贡献。在本章第二个案例"温州市图书馆法人治理结构改革之路"中，我们可以充分看到非政府人员、非图书馆人员在新型图书馆理事会里发挥的重要作用；第三个案例则将"温州读书会联盟"称为"公共图书馆与社会阅读力量融合实践"；在案例"'书香门递'：将阅读服务送上门做到家"中，除了公共图书馆的作用，我们还能看到各个社区在其中发挥的重要作用。

三、全民阅读服务创新，要充分发挥公共图书馆的推动作用

现阶段，我国县级以上的公共图书馆都是由政府投资兴办的，所以毫无疑问，在公共文化服务体系框架内的全民阅读服务，应该由各级公共图书馆承担主要责任，充分发挥自身的文献资源优势和阅读服务资源优势，服务全民阅读，推动全民阅读。进入21世纪后，特别是2010—2020年，我国各地区的公共图书馆在推动全民阅读、提供阅读推广服务方面，都做出了积极的努力，取得了很好的成绩。温州市的各级公共图书馆，是其中的优秀代表。

在本章的八个案例中，温州市少儿图书馆推行的乡村阅读彩虹计划"乡村护苗"行动和泰顺县的"阅享童年"活动，都很有创意，都将重点放在了农村少年儿童的阅读服务上，一个是"护苗"，一个是"阅享"，不仅体现出公共图书馆自身的职业价值，还体现了公共图书馆参与和谐社会建设的社会价值。文成县则把地方特色文化建设和阅读推广巧妙结合起来，推出了畲族文书阅读推广特色人文空间，突出体现了公共图书馆的文化价值和专业价值。

四、全民阅读服务创新，要以满足社会成员个人文化需求为出发点

全民阅读，本质上是以个人需求为动机的行为，外部力量可以对其进行一定程度上的干预，但行为主体还是读者本人。所以无论是社会组织的内部阅读活动，还是公共图书馆的阅读推广服务，首先都要以满足社会成员的个人阅读需求为出发点。温州少儿图书馆遍布全市的82个服务点，基本满足了城乡少年儿童的阅读需求，其重点服务于乡村少儿读者，倡导的"阅读护苗"理念很有新意。鹿城以阅读为抓手，以书籍阅读为切入点，创新性地打造了以阅读服务为重点的新型多元文化交流中心，提供阅读空间以及读者分享、温州籍作家交流创作、出版设计发布、书业共享等多种形

式的大众阅读服务，这是对原有乡镇街道综合文化站的重新构建，满足了基层百姓和驻地社会组织在文化阅读层面的基本需求。

（西北大学公共管理学院原副院长，教育部图书馆学学科教学指导委员会委员，陕西省图书馆学会学术委员会主任委员，杨玉麟）

温州"城市书房"公共图书馆现代服务模式

一、项目背景

"城市书房"是由温州市政府与社会力量合办，依托各级中心图书馆，采用自动化设备和 RFID（射频识别）技术，实现一体化服务，具备 24 小时开放条件的场馆型自助公共图书馆。2014 年开始，温州市图书馆积极创新和探索公共文化服务供给侧改革，在实现 11 个县（市、区）公共图书馆全覆盖的基础上，推出 24 小时"城市书房"项目，为市民提供"24 小时不打烊"的阅读空间。"城市书房"践行公共图书馆平等、开放、共享的理念，采用温州市图书馆与社会合作建设、"连锁"运营的模式，统一标准，规范管理，实现了图书资源的共享和流通，有效促成都市"15 分钟文化圈"建设，为城市居民提供了知识共享、信息交流、互动阅读的崭新空间。全市建成的"城市书房"中，83% 由社会力量无偿提供场地、参与运行管理（与社区联建 47 家，与企业联建 17 家，利用公共场馆建设 15 家），全面形成"共建、共享、共赢"的公共文化服务新局面。《人民日报》《光明日报》《中国文化报》等媒体报道多达 825 篇，各类媒体转载超过 2.6 万次。

二、主要做法

（一）政府主导，社会共建

"城市书房"建设的最大创新点在于政府主导、社会共建的模式，促使公共阅读资源从宣传文化系统"内循环"逐步转为面向市场和社会的"外循环"，实现了政府和社会的共建、共享、共赢。政府的主导作用主要体现在"城市书房"的规划、建设指导和财政投入方面。温州市财政局对每家"城市书房"一次性补助 20 万元，确保有充足的资金支持和政策保障。

"城市书房"在选址、设计和日常开放管理中，全程引进社会力量，注重盘活社会资源，与社区、企业合作共建共享。例如，市区南塘住宅区，业主委员会集体决定将年租金 22 万元的一楼店面用来建设"城市书房"，并由业主委员会出资 40 万元进行装修，该"城市书房"开馆仅两个月读者就达到 1.5 万人次。这种盘活社会资源，与社区、企事业单位众筹合作、多方共建的模式，有利于全市形成上下联动、社会共建"城市书房"的良好格局，从市文化广电旅游局、市图书馆到下面各县（市、区）图书馆，各级乡镇街道和社区共同参与，各方有钱的出钱，有房的出房，有书的出书，分担成本，合作共建。这种众筹合作、多方共建的机制，符合图书馆社会化运作趋势，也激发了基层地区建设的热情，有利于"城市书房"大范围铺开建设。

（二）科学规划，精点布局

"城市书房"布点选址采用网格化嵌入式方式，按照公共文化服务"便利性"的要求，打造"家边的图书馆"。"城市书房"的建设充分考虑人口密度、交通便利性、服务半径、环境相对安静度、消防安全、阅读需求、

城市书房
庆年坊分馆

市民意见等因素，要求建设在一楼临街处，馆舍面积150~300平方米，可配置8000~30000册图书，基本分布在城区人流密集的社区、创意园区、企事业单位、商场、公园等地。"城市书房"建设的体量不大，突出小而精，通过这种网格化建设和嵌入式设计，让"城市书房"成为大家"看得见文化、感受得到城市精神"的建筑体。

（三）社会管理，全民维护

温州市《关于加快构建现代公共文化服务体系的实施意见》出台后，"积极引入社会力量"成为公共文化服务领域提及最频繁的语句之一。在这之前，全国多地已经开始践行这一理念，建设"城市书房"就是其中之一。"城市书房"这一名称是温州市通过媒体面向社会各界征求意见并结合专家建议而确定的，从建设开始即带着显著的市民参与的特征。在书房的布置与设计环节，向社会广泛征集意见并招募志愿设计师，采纳各种节能、高效、便民以及有创意的想法和设计思路，每一座书房的建设都充分凝聚了社会集体的智慧力量。

"城市书房"充分利用信息化技术，设置自助借还机，实现无人值守、免费开放，市民凭身份证、市民卡、读者证皆可入内阅览和借还图书。这种24小时开放且无人值守的模式，在考验市民文明素养的同时，激发了读者自我管理和志愿服务的主动性，形成了"我的书房我打理"的良好风尚。

（四）连锁运营，规范标准

高效有序的管理模式是"城市书房"有效运营的重要保障，主要包括以下几个方面：一是做到连锁运营。"城市书房"的图书、数字资源都采用连锁运营的模式，其所有图书、数字资源均由温州市图书馆统一调配，其信息化技术由温州市图书馆统一提供，从而实现了"城市书房"规范化、标准化运营。二是实现统一管理。"城市书房"的管理都按照统一装饰标准、统一标识设计、统一调配书籍、统一信息系统、统一服务规范来进行，书房体系内的图书统一由温州市图书馆每周定期调配一次，因此"城市书

城市书房入镜党的十九大政论专题片《将改革进行到底》

房"具备统一服务电话和服务标准、统一监控和临近门卫管理机制,通过集约化的管理使政府资源和资金的利用率最大化。与传统图书馆相比,"城市书房"在场地和人力上的社会化运作,更能节约人力和财力成本。三是完善规范标准。在统筹管理的基础上,不断优化布局、规范管理、完善机制,成功申请"城市书房"注册商标和"城市书房布局结构"国家实用新型专利,制定出台《城市书房服务规范》,"城市书房服务标准化"项目被列入国家级、浙江省标准化试点项目。

三、创新亮点

（一）坚持创新，推动全民阅读局面形成

"城市书房"改变了"一城一馆"的图书馆建设布局,采取"1+X"的模式,以总馆带动若干个"城市书房",构建了高效、便捷的都市公共图书馆服务体系和"15分钟都市文化圈"。"城市书房"24小时全天候开放,突破了传统图书馆在辐射范围和开馆时间上的限制,节约了读者借阅图书的交通成本和时间成本,开辟了图书馆服务新模式,解决了公共文化服务的"最后一公里"问题,打造了一个永不闭馆的图书馆服务体系。"城市书房"满足了现代人的阅读消费需求,激发了全民阅读的热情,引导市民成为善读书、读好书、会读书之人,打造"书香温州",推动城市更好更快发展。

（二）协调发展，提升全民共享幸福指数

按照"15分钟都市文化圈"的要求，"城市书房"进行了科学、合理的选址布局，促使广大市民能够普遍均等地享受图书馆的基本服务。"城市书房"建设的体量不大，突出小而精，采用网格化建设和嵌入式设计，通过科学选址布点、社会力量参与合作管理等模式，打造市民身边的图书馆，为市民阅读提供极大便利，让"人人享有图书馆"变成现实，基本达到为全民提供普遍均等服务的目的，也让"城市书房"成为当前一些较大社区、企业的"标配"，极大地丰富了市民的精神文化生活，提高了他们的幸福指数，也提升了"城市书房"所在住宅区及周边地区的商业价值，体现了良好的社会经济价值。

（三）社会参与，创新全民共建文化格局

从前期的选址、征名、设计，到后期志愿者参与日常管理，每个环节都有社会力量的帮助与融入，堪称社会力量参与公共文化服务建设的典范，社会力量的引入，也改变了公共文化体系建设由文化部门"唱独角戏"的局面。特别是在"城市书房"建设方面，社会力量成为推进"城市书房"建设的主要力量，变"要我建"为"我要建"，让全社会创造文化财富的源泉充分涌现，既符合图书馆社会化运作的趋势，使社会资本和力量充分参与图书馆建设、服务与管理，也符合当前国家文化体制改革创新的要求。

（四）规范管理，形成广泛示范带动效应

"城市书房"采用统一集中、规范管理的模式，该体系内的所有图书、数字资源由温州市图书馆统一调配，其信息化技术均由温州市图书馆统一协助实现。这个高度统一管理的模式，有效利用了城市闲置房屋资源，提升了财政资金的利用率，较传统图书馆，它在场地和人力上的社会化运作，更能节约人力和财力，因此这种模式能够在全国得到广泛复制和推广。2017年5月开始，温州市图书馆将"城市书房"管理与服务工作以及图书物流配送工作承包给北京人天书店有限公司，以提供更加专业、对口的高质量服务，同时提高公共文化的服务效能。

（五）无人值守，彰显文明，提升市民素养

"城市书房"优雅的读书环境与先进的自助服务，迎合了现代人的阅读体验与价值需求。"城市书房"的无人管理模式，成功创建了一个自由而健康、有序而温馨的现代公共阅读场所，一定程度上激发了读者自我管理、互相监督的意识。遍布温州各个角落的"城市书房"，承载着温州人的精神寄托，成为文明的试金石和展示窗。

"城市书房"建设符合人民群众对美好生活的向往，更契合文化体制改革的精神，滋养了温州人的精神家园，充分体现了温州人的文明素养，对外展示了温州人的文明形象，是温州这座城市的精神驿站、文明路标、城市窗口。

四、取得成效

"城市书房"项目于2014年提出，在2015—2017年探索实践，2018—2020年全面提升。目前，全市建成"城市书房"88家，累计服务市民974.93万人次，流通图书898.97万册次，图书流通率高达380%。"城市书房"成为文化产品有效供给的一种创新模式，连续四年被温州市委、市政府列入"为民办实事"十大项目。2015年，"城市书房"名列"温州精神文明建设十大亮点"之首，2016年列入"浙江省宣传思想文化系统十大创新"项目。《人民日报》、新华社、《光明日报》、中央电视台等主流媒体多次聚焦报道。2017年，"城市书房"和温州市图书馆法人治理结构改革共同入镜中央电视台制作的十集大型政论专题片《将改革进行到底》，为党的十九大献礼。"城市书房"累计接待各级领导、专家及全国文化事业单位考察学习400余批次，全国130余个城市参照温州模式建成1687家"城市书房"。

（温州市图书馆）

温州市图书馆法人治理结构改革之路

十八届三中全会以来，温州市图书馆根据文化和旅游部、省文化和旅游厅要求，于2014年2月开始法人治理结构试点改革。六年来，试点改革取得了显著成效，产生了广泛影响，先后被《人民日报》《光明日报》等各级各类媒体专题报道，入镜央视一套迎十九大大型政论专题片《将改革进行到底》，入选"砥砺奋进的五年"大型成就展。国家七部委制定出台的《关于深入推进公共文化机构法人治理结构改革的实施方案》和《事业单位法人治理准则》，都凝结了温州市图书馆法人治理改革经验。

一、改革背景

文化事业单位建立法人治理结构，推动公共图书馆、博物馆、文化馆、科技馆等组建理事会，是党的十八届三中全会部署的构建现代公共文化服务体系的重点任务之一，也是深化文化事业单位改革、创新文化管理体制机制的重要途径之一。在此背景下，温州市图书馆根据文化和旅游部、浙江省文化和旅游厅要求，抓住机遇，顺势而为，大胆探索，积极实践，于2014年2月开始法人治理结构试点改革，同年6月组建成立第一届理事会，10月入选文化和旅游部试点单位。

二、改革思路

温州市图书馆深刻领会改革意义，明确改革目标，与相关部门达成三点共识：一是法人治理结构试点是公共文化机构实现社会化管理的重要途径；二是法人治理结构试点的关键是要吸引社会力量参与到公共文化服务中来；三是法人治理试点改革要坚定彻底，而绝非做表面文章。基于这些共识，温州市图书馆确定了改革思路：坚持从理念到行动的彻底改革，在理事构成、理事长人选、治理结构等方面精心设计，力求突破；在理事会权力、理事会职责和理事会运行等方面大胆创新，力求实效，使图书馆真正走上法人治理的道路。

温州市图书馆首届理事会第一次会议

三、做法亮点

（一）领导重视，创新思路，做好顶层设计

试点工作得到各级领导和相关部门的高度重视和支持，为法人治理改革的开展提供了重要保障。文化和旅游部公共服务司副司长陈彬斌、国家公共文化服务体系建设专家委员会主任李国新教授专程来温州调研，为法人治理改革工作指明了方向；时任浙江省文化厅厅长金兴盛出席理事会成立仪式，对法人治理改革提出具体要求；时任温州市委书记徐立毅等市委市政府主要领导多次到温州市图书馆调研，指导试点工作；温州市文化广电旅游局开展精密的工作部署和顶层设计，确定了建立以理事会为决策议事机构、管理层为执行机构、监事会为监督机构的"三位一体"事业单位法人治理结构。

（二）围绕核心，抓住重点，构建治理结构

成立理事会是法人治理结构的核心工作，而理事会成员是理事会组建的关键。温州市文化广电旅游局紧紧抓住这一核心工作，率全国之先，面向社会公开招募理事，最大限度地吸引各阶层代表加入理事队伍，确保了理事的参与主动性、来源广泛性和成员代表性。2017年11月，温州市图书馆组建成立第二届理事会，两届理事会成员均为13名，其中主管局委派1名、市图书馆代表2名、社会代表10名。两届理事会均选举温州企业家代表为理事长，理事会成员中社会代表比例如此之高，理事长又由社会知名企业家来担任，充分体现了温州市图书馆接纳社会公众参与管理和接受社会监督的决心。

（三）建章立制，理顺责权，完善运行机制

《温州市图书馆章程》（以下简称《章程》）起草历时半年，经多方征求意见，调研讨论，反复修订，最后报请温州市机构编制委员会办公室审定通过。《章程》明确了理事会的人、财、事权，厘清了政府主管部门、理事会、管理层三者的责权关系。2017年，第二届理事会对《章程》进行修订，增加了"党的组织"章节，以确保理事会始终处在党的正确领导之下。为了进一步推进试点工作，温州市文化广电旅游局专门研究政策，规范了酝酿、表决、"一票否决"、听证等议事规则，建立了理事会工作报告、决策失误追究、信息披露和履职评价制度等约束机制，使法人治理结构的运行有了相对完备的制度保障。

（四）规范运行，大胆实践，发挥理事会作用

专门成立理事会工作部，负责日常事务性工作，定期向理事汇报馆内

工作；推出"理事接待日"活动，让理事轮流接待读者，征询、收集读者建议并反馈给管理层；每年按期召开3次会议，审议全馆重大规划和项目，以及年度工作总结和计划、财政预决算等事项，充分发挥理事会的决策职能；理事会广泛参与"城市书房"建设、基层公共文化调研和图书馆举办的重要文化和业务活动；理事会参与图书馆年度工作考评，考评结果将作为班子成员工作评议和绩效工资的重要依据，占30%的权重；理事会发起成立了"温州市图书馆发展"基金会，并负责基金会运作，探索利用社会资本发展图书馆事业的途径，2017年，吸引社会捐赠资金500万元，2018年举办助力"两个健康"发展、全民阅读节公益活动等。

（五）勇于突破，打破瓶颈，不断深化改革

如何突破现有人事、财政体制，真正落实法人自主权，是法人治理试点工作的关键。2014年试点工作启动以来，在初步明确理事会的职权清单的基础上，温州市文化广电旅游局坚持深化改革，不懈努力。2016年7月，温州市文化广电旅游局、财政局、人力资源和社会保障局、机构编制委员会办公室联合印发《关于进一步深化温州市图书馆法人治理结构工作的意见》，有力推动了理事会在人事管理、财务管理、事务管理和基金会管理等方面的权利取得关键突破。

四、成效启示

（一）吸引社会力量，有效推进社会共同治理

试点工作开展以来，理事们率先垂范，广泛宣传发动，激发了社会各界参与公共文化服务的热情。温州市图书馆充分利用社会力量，组织建设第三批国家公共文化服务体系示范项目——"城市书网"。通过多方合作共建模式，推广运作"城市书房"文化品牌。至2019年年底，温州市已建成并开放88家高品质的24小时开放、无人值守的"城市书房"，这成为温州的文化地标，并在全国130多个城市得到推广，被中央电视台《朝闻天下》《焦点访

谈》等多个栏目宣传报道，2019年在"学习强国"App（应用程序）上得到推广；同时，广泛吸引社会志愿者参与"城市书房"等公共文化建设和管理。

（二）注重供需对接，全面提升公共文化服务效益

经主管局、理事会和管理层三者之间不断沟通、理念磨合，温州市图书馆越来越注重市民阅读需求，以多元化发展不断创新服务内容。自2014年理事会成立以来，温州市图书馆接待读者量年均增长10%，书刊外借量年均增长6%，位列全国同类城市前茅；每年举办各类公益文化活动2000余场，营造了浓厚的全民阅读氛围；发动民间力量，招募120余家民间读书会，组建成立"读书会联盟"，吸引社会力量共同参与全民阅读推广。

（三）改革管理机制，提升文化事业单位内部活力

为了让图书馆的内部机制适应法人治理改革的要求，温州市图书馆于2015年启动单位内部机制改革，建立以岗位管理、全员聘用、绩效考核三项制度为核心，以年度考核、绩效工资、聘期评议、岗位竞聘等相关机制为配套的事业单位综合管理体系，使岗位和职称能上能下，能者、勤者多酬，打

金照、杨桦、方耀三位理事在永嘉岩头、岩坦、洞头霓屿等地考察

第三章 | 全民阅读服务创新

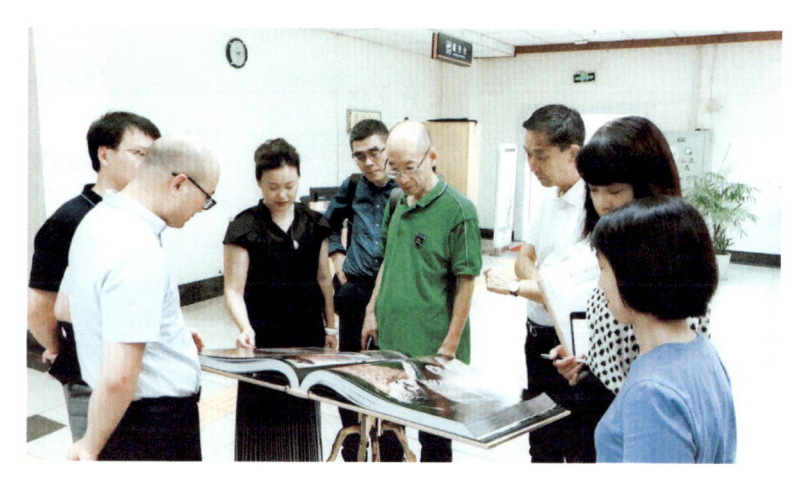

理事会赴浙江图书馆考察

破了长期存在的"大锅饭"现象，提高了图书馆员工的服务意识，激发了他们的工作热情，提升了服务效能，从而使图书馆事业进入一个全新的发展格局。

（温州市图书馆）

媒体报道：

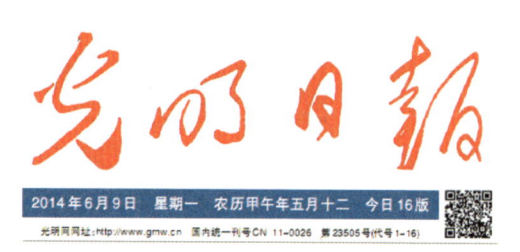

理事会成温州市图书馆"当家人"

本报温州6月8日电（记者陆健）作为浙江省文化事业单位法人治理结构改革的先行者，温州图书馆理事会从今天开始成为温州市图书馆的最高决策管理机构。据悉，10名公开招募的理事和3名委派的理事6月7日走马上任，他们将通过理事会对温州图书馆事务行使决策、管理与监督权。

据介绍，温州图书馆理事会今后将对该馆各项工作事务享有发言权、表决权、监督权、选举权等各项权利。图书馆的工作计划、财务预算、领导班子人选、薪酬分配方案、重大项目等都需要理事会表决并获得三分之二以上理事通过方可实施。

当选为首届理事会成员，温州中学高级教师郑可棠满心喜悦："文化的传承很大程度上要通过阅读来实现，我希望尽自己的绵薄之力。"上海圣邦文化传播有限公司董事长胡笑玲也坦言成为理事担子很重："政府把公共文化资源交给13位理事去管理经营，这不仅是一份荣耀，更是一份责任。"

2014年6月9日《光明日报》4版

迈向文化
高质量发展之路 | 温州市公共文化服务创新案例汇编

2016年8月19日《中国文化报》7版

温州读书会联盟：公共图书馆与社会阅读力量融合实践

一、项目背景

温州读书会联盟是由温州市图书馆牵头于2017年4月成立的公共阅读服务组织，集结了来自学校、医院、机关企事业单位等不同群体的会员读书会100余家。读书会联盟坚持以政府为引导，以公共图书馆、城市书房等阅读空间为阵地，积极吸纳社会力量参与阅读推广服务，融合社会各方"阅"力，以"联结社会力量，传播阅读价值"为宗旨，不断完善"引导平台、资源平台、活动平台"三位一体的公共阅读服务平台，实现了公共图书馆与社会阅读力量的通力合作，以读书为载体，以空间为聚合，大大增强了整个区域的阅读氛围，力求输出高质量的阅读服务。

二、主要做法

在温州读书会联盟开展活动过程中，温州市图书馆提供场地、书籍、讲师等资源，以及活动策划指导，把公共图书馆的资源优势和社会"阅"力的运营优势结合起来，实现公共图书馆运营的社会参与，让读书会联盟在图书馆的引导下，广泛、多元地开展各类读书分享、讲座沙龙、朗读"快闪"等文化活动，以"团体读书"影响更多群体，引领全民阅读新风尚。

（一）公共图书馆的资源和社会"阅"力融合，共同开展多元阅读推广

在节气、节日、纪念日等时间节点上，温州读书会联盟尝试以统一主题为线索，组织发动多家成员在市、县两级图书分馆和城市人文空间联动

开展针对诗歌、经典小说、热门文学的品读活动，例如，2017年为纪念陈忠实举办"《白鹿原》三部曲：以忠实纪念忠实"主题活动，温州市朗诵艺术学会、熊猫书院、温电品书会、现代读书会、香樟园品书鉴影沙龙等分别在温州数学名人馆、南戏博物馆、佐佑书坊、杨府山城市书房等场馆设置"接力"主题分场，为书友们带来了一场场书与故事的精彩邂逅。是年九月金秋佳节，来自温州市的"日日页页读书会"、洞头区的"悦享读书会"和乐清市的"乐青年读书会"的书友们联合举办主题沙龙，雅聚在乐清梅溪草堂，共同品读《王十朋全集》，齐吟一段古诗，沉浸在龙图阁大学士忧国忧民的情怀里。2018年以论坛、访谈、朗读等形式策划开展的"庆祝改革开放40周年"系列读书活动，由一至两家策划能力优秀的读书会牵头，温州读书会联盟统筹多家读书会参与并承担不同任务，凸显了成员读书会的主体作用，实现了读书群体间的交流与互动。

（二）开发针对各类群体的读书栏目，打造跨界分享、融合阅读的新局面

温州读书会联盟开设"名家有约""生涯导航""文旅视角"等线下

"名家带你读懂改革开放40周年"大型论坛活动

读书栏目，邀请温州内外的名人名家与书友对话，先后举办"九月开学第一课""金秋池上楼书会""金庸先生的江湖"等主题活动，开展关于瓯剧、瓯绣、瓯菜的分享体验沙龙，举办"温州山水诗歌品读朗诵"等本土文化旅游主题活动。线上平台以微信公众号平台为依托，推出"领·阅读""她·阅读"等栏目，邀请行业领读者、文化名家、优秀企业家开展系列好书导读活动，发挥名人名家阅读引领作用。开创荐书视频栏目"享·阅读"，每月一期，携手广大读书会书友打造多视角、多层次的导读专栏。

（三）搭建公益性优质阅读资源库：引导阅读活动交流，激活阅读空间

为促进和成员读书会之间的交流互动，让优质的读书活动惠及更广的人群，温州读书会联盟立足于读书会的活动开展情况和公益性，于2018年年底筹划搭建联盟优秀项目资源库，内容涵盖阅读推广活动与公益阅读空间。无论是"活动"还是"空间"，均来自下属读书会的自愿申报和主动供

绣山小学和美家长读书会在城市书房智慧谷分馆举办分享会

给。通过召开联盟工作会议，发布相关通知公告，对读书会举办过的优秀读书活动进行公开征集，组建优秀活动资源库，即"活动菜单"，经过联盟工作组审议后开放给联盟所有成员读书会，任意一家或多家读书会可"点单"，由联盟协调相关选送单位进行活动输送，形成"你点我送"的服务机制。

（四）规范联盟组织管理，制定读书会联盟成员管理及奖励机制

为规范成员管理，调动和激励读书会参与和举办活动的积极性，明确奖励和评价机制，联盟工作组根据工作流程和日常活动情况制定了《读书会联盟积分管理细则》，通过对每家读书会的活动开展、报送、参与等情况进行积分贡献值统计，每季度一公示，每年年终根据积分排行并综合全年度读书会的表现评选出五星读书会、四星读书会、三星读书会和优秀领读人，在联盟的年终庆典上颁奖，并邀请优秀读书会会长进行现场分享和经验交流，给予优秀的读书会相应的奖励经费、书籍，用于下一年度的活动开展。

三、创新亮点

一是极大地充实了公共文化服务的社会供给。通过搭建"空间＋活

2017年温州读书会联盟庆典颁奖仪式

动＋读者＋平台"共创共享的读书会资源体系，高效地整合全社会的公益阅读资源，为探索和构建专业性、系统性和长效性的阅读活动运营机制指明了方向。

二是创新公共图书馆运营的社会参与方式。读书会联盟的成立根植于温州地区民间读书会的分布、运行和需求，让漂泊的读书会找到了"根据地"，让图书馆阅读服务借助社会力量惠及更多读书群体，使广大群众成为全民阅读推广的参与者、组织者、传播者和受益者，形成建设"书香社会"的合力。

三是提升了公共图书馆阅读推广的服务效能。推动图书馆作为单一的阅读推广阵地和活动主办者向着以社会阅读群体为主角、以群众自编自导为主要形式的平台的方向发展，社会"阅"力的发挥有了更广阔的空间，能够更好地满足群众多样化的需求，使得阅读推广在广度、深度、层级上都得到了有效拓展。

四、取得成效

读书会联盟的成立立足于公共图书馆在引导全民阅读事业中的服务定位，激发了民间阅读资源的价值和潜力，也让图书馆阅读推广服务借助社会力量延伸向更深更广的层面，让文化沙龙等公益活动惠及更多读者群体。

民间读书会基于对公共图书馆权威性、专业性、组织性的认可，积极响应读书会联盟的愿景号召和发展方略，在共同的平台上互相交流经验，共享资源，互通有无，实现了"联结、共享、共赢"的局面，读书会联盟影响力逐步扩大，截至 2019 年 12 月，成员达到 123 家，累计开展活动 4238 场。民间读书会在温州市图书馆资源平台的支持下，在联盟规范化的阅读引导下，使得越来越多的读书会成员有规律、常态化地组织开展阅读活动，并能够立足于读书群体的需求，丰富群众精神文化生活。尤其是城郊、县城读书会的规范化蓬勃发展，有力地推动了区域和基层良好阅读氛围的营造。

（温州市图书馆，何泽）

重要媒体报道：

2019年11月28日《中国文化报》7版

2016年8月24日《图书馆报》12版

"书香门递"：将阅读服务送上门 做到家

一、项目背景

为完善温州"城市书网"现代公共阅读服务体系，进一步推进公共图书馆文化惠民服务，落实《中华人民共和国公共文化服务保障法》《中华人民共和国公共图书馆法》均等性、便利性的要求，温州市图书馆打造了"书香门递"图书快递服务到家网借服务平台项目，该项目顺应当下"互联网+"的发展趋势，以市民阅读需求为导向，创新性地开拓"图书馆+互联网O2O（离线商务模式）平台+物流"服务模式，使纸质图书借阅从线下走到线上，强化区域协作和资源共享，提升图书馆的智慧服务水平。

二、主要做法

"书香门递"项目旨在破解公共文化服务面临的矛盾和问题，打通社会资源，进行跨部门、跨行业合作，提升图书馆的服务效能，让读者在家门口就能享受到优质借阅服务；吸纳社会力量加入图书馆服务队伍，提升合作机构的经济效益、文化内涵和社会影响力，同时充分延伸图书馆服务半径，扩大公共文化服务的覆盖面。"书香门递"项目主要分以下两期进行：

第一期以建设温州市图书馆主导的网借O2O平台以及网借中心书库为主要内容，以统一网借书库、统一管理平台、统一读者入口、统一物流中心、统一运营推广的模式，实现线上下单线下送书上门。读者可以用手机扫描"书香门递"二维码，或关注温州市图书馆的微信公众号，或登录专题网站，即可借阅图书。借阅时，读者只需填写收件地址并下单，很快物流公司就会把所借图书送上门。

第二期将温州地区读者纳入信用网借体系，研发打造全地区公共图书馆网借数据中心，并与浙江省新华书店总仓进行数据对接，引入读者决策采购理念，提供线上版"你选书，我买单"的服务。

三、创新亮点

（一）科技支撑，不断拓展公共文化服务时空边界

"书香门递"推行多点覆盖模式，创新借阅方式，推动服务体系建设，打造互联网支撑与资源整合体系，构建全民阅读"云服务"平台，实现读者、图书馆和新华书店三方共享数据、共享需求、共享渠道，建立了以读者需求为导向，由资源整合管理、书店管理、图书馆管理、读者管理、大数据分析、专家推荐、读者借阅等组成的平台。图书馆与新华书店开展线上图书快借服务，发挥了"互联网"的倍增效应，弥补了公共文化设施的时空局限性，丰富了读者阅读方式，优化了阅读体验，使图书借还更加便捷、图书购置更加科学、图书选择更加多样、阅读体验更加丰富。新华书店作为营利性文化企业，在扩大社会影响力、实现经营销售良好增长的基础上，也极大地提升了自身的公共文化服务能力，彰显了新华书店的服务优势、经营优势和创新优势。图书馆作为公益性文化机构，既方便了读者，又有效提升了基层图书馆的新书保障能力和精准服务水平，大幅提高了读者满意度。图书馆和新华书店通过产品、业务、活动的紧密协作，实现了双方的优势互补，共同提升了自身的服务价值。

（二）调动社会力量积极参与，服务效益得以提升

"书香门递"与社区开展合作，由社区承担居民的物流费，社区读者实现"零成本、随时、随地"享受图书馆的借阅服务，打造了"免费送书进户"的服务新模式。同时，"书香门递"项目探索了社会资本与公益性机构

的深度合作，引导企业、社会组织和个人等社会力量多方式、多领域参与公共文化服务体系建设，吸引、鼓励和引导社会资金以多种方式投入公共文化建设，逐步形成了以政府投入为主、社会力量积极参与的多元化公共服务投入机制，以满足人民群众的多元化文化需求，提升服务效能，提升群众的获得感和幸福感。

（三）"公益递"文化助残，"书"送温暖

特殊群体可以在网上下单，温州市图书馆免费送书上门。《中华人民共和国公共图书馆法》第四章第三十四条规定"政府设立的公共图书馆应当考虑老年人、残疾人等群体的特点，积极创造条件，提供适合其需要的文献信息、无障碍设施设备和服务等"。保障特殊群体基本文化权益是社会主义的本质要求，体现了社会主义制度的优越性。同时，特殊群体的公共文化服务也是我们工作的薄弱环节之一。在现实工作中，因为存在某些特殊情况，在享受政府提供的公共文化服务方面，一些特殊群体在客观上存在"受众缺席"问题。为加强对社会特殊群体特别是残疾人群体的服务，让他们享受阅读，享受知识带来的乐趣，温州市图书馆依托"书香门递"平台，开展"公益递"文化助残服务，弥补公共文化服务的"底线均等"和"群体均等"的"漏洞"，在一定程度上消除了图书馆与特殊群体的距离障碍，切实保障了特殊群体能够均等享受公共图书馆的服务。

当新型冠状病毒疫情致使文化场所暂停服务时，为努力降低疫情给广大读者带来的不利影响，温州市图书馆推出了"书香门递"免费服务，用特别的方式为读者送书上门，带去一份份温暖的"文化餐"，满足了读者阅读需求。

四、取得成效

"书香门递"平台自 2018 年 5 月上线以来至 2019 年年底，已累计接待网借读者 12314 人，借阅图书 44776 册次，订单数量 15202 单，创历来服务数据新高,赢得了市民广泛赞誉。

"书香门递"平台充分借助互联网的巨大力量,推进公共文化服务数字化发展,打破单一性行业边界,加强资源整合统筹规划,搭建互联互通的服务平台,顺应移动化传播趋势,形成线上线下有机结合的服务模式,切实增强基本公共文化服务供给的精准度和有效性。

"书香门递"平台建设推动了公共图书馆传统的采购方式和业务流程的变革,创新基层公共图书馆资源采购方式,以菜单式、订单式服务促进供需对接,为群众提供思想健康、志趣高雅、喜闻乐见的文化产品。在供给结构方面,激活资源存量,优化要素配置,改变要素组合方式,提升供给水平和效率;在供给方式方面,利用互联网、大数据等技术手段,开展文化专用装备、软件、系统的研发应用,推动公共文化服务更高质量、更有效率、更加公平、更可持续发展。

"书香门递"平台建设中踊跃参与的社会力量,为公共文化提供了多样化的产品和服务,增强了自身发展活力,提升了社会效益和经济效益。同时,调动社会力量广泛参与合作,充分利用合作方的资源优势,网借服务平台弥补了公共图书馆、"城市书房"布局的空白,实现了服务全覆盖,使"人人享有""时时享有"的无边界图书馆成为现实。

(温州市图书馆)

乡村阅读"彩虹计划":
温州市少年儿童图书馆"乡村护苗"行动

一、项目背景

近年来,随着全民阅读工作的开展,阅读的重要性日益凸显。据相关调查显示,占全国儿童30%的城市儿童拥有80%的儿童读物,而占全国儿童70%的乡村儿童只拥有20%的儿童读物,城乡儿童阅读资源严重失衡。

据《全国少年儿童阅读报告》显示,温州市城区儿童喜欢阅读的比例略高于全国水平,乡镇儿童喜欢阅读的比例略低于全国水平,城乡差异更加明显,亟须我市加强对乡镇儿童阅读的服务和教育,缩小城乡差异,促进公共文化服务均等化。阅读是整个基础教育的重中之重,但是温州乡村儿童阅读现状如下:

(1)公共文化设施稀缺,绝大多数乡村缺乏优质、丰富的儿童图书,导致乡村孩子接触不到真正优质的儿童读本。

(2)乡村家庭阅读氛围较差,应试教育的影响和形成的惯性根深蒂固,普遍缺乏鼓励孩子进行大量自由阅读的动力和机制,导致乡村儿童很难从小形成良好的阅读兴趣和习惯。

(3)乡村教师普遍缺乏良好的阅读习惯和动力,课外阅读素材陈旧,不懂得如何鼓励和引导孩子进行大量阅读和如何营造良好的阅读环境。

(4)乡村孩子的父母缺乏良好的阅读陪伴能力,他们绝大多数是"80后""90后"的城市"二代农民工","进不去的城市"和"回不去的家乡"

成为他们人生窘境的真实写照，他们缺乏对孩子良好的家庭阅读的指导能力和早期阅读培养的投入资本。

乡村阅读"彩虹计划"紧紧围绕贫困地区儿童阅读推广需求，积极发挥地市级儿童图书馆区域核心作用，拓展公共图书馆服务广度和深度，提供乡村儿童阅读问题整体解决方案，实现精准文化扶贫。从"硬件改善"到"生态改善"，从"物质帮扶"到"赋能助长"，通过整合筛选、研究打磨、复制配送、共建共享，铺陈具有联动性、互动性、持续性、生长性的城市少儿公共文化服务体系，实现高品质少儿公共文化服务的"标准化、批量化、均等化、全覆盖"。

依托于温州市少年儿童图书馆"乡村护苗"行动，以"传统遇见未来，科技引领阅读"为主旨，充分发挥中国图书馆学会和数字图书馆推广工程等资源平台的作用，建立区域合作的少儿阅读服务总分馆体系，通过优势互补，使乡村儿童共享少年儿童图书馆的专业化资源和服务，倡导乡村儿童遇见新阅读，遇见传统经典，创新性地开展为农村地区儿童提供阅读指导服务的项目——"彩虹计划"，为乡村地区的儿童阅读问题提供整体解决方案。

二、主要做法

乡村阅读"彩虹计划"已连续两年纳入"书香温州"全民阅读节活动，自启动以来，已结合党员活动、"美丽乡村·彩虹计划"等项目先后走进文成、瓯海、泰顺、洞头等县（市、区），开展了阅读指导讲座、主题展览、绘本剧场、绘本阅读等主题活动，同时编辑"家庭阅读指导手册"，推广亲子阅读理念。

截至2019年年底，温州市少年儿童图书馆共建设82个少儿阅读服务点，包括44家分馆、28个汽车图书馆服务点、10个"彩虹书屋"服务点，服务覆盖鹿城、龙湾、瓯海、泰顺等区域，并逐年扩大，年均3.5万城乡少年儿童受益，获得多样化阅读资源服务。随着分馆规范化和标准化建设的推进,温州市少年儿童图书馆分馆服务点的建设质量、业务管理质量和整体服务效能显著提升,读者满意度和社会美誉度日益提升,要求共同提供少儿阅读服务的社会机构日益增多。

2019年3月,"新雨家教团"迎来全新里程碑式事件:龙湾、瓯海、瑞安、苍南、泰顺5个县(市、区)分团挂牌成立,新力量的注入缓解了近年来"新雨讲座"供不应求的问题,进一步推进了温州市家教公益服务的星火燎原。

三、创新亮点

(一)落实"两法"要求,关注农村儿童公共文化建设,开展精准服务,助推全民阅读

通过建立儿童阅读服务网点,落实和践行我国《中华人民共和国公共文化服务保障法》《中华人民共和国公共图书馆法》中为广大校园少年儿童提供阅读服务的有关要求,规范各县(市、区)公共文化服务中儿童阅读服务标准,提升服务品质,在更广区域内实现了少儿文化资源的公益、均等、普惠服务。通过送书活动,培育"阅读推广人",以"彩虹计划"带动县(市、区)少儿图书馆(阅览室)、文化礼堂、乡村学校试点标准化建设,实现了图书、活动、理念的共同输出。通过建立规范化、标准化管理系统,运用分馆服务点准入制度、管理制度、星级评价等管理机制,推进全市公共图书馆少儿阅读服务的制度化、体系化和科学化建设,显著提升服务效能。

(二)打破区域藩篱,推进合作服务,以活动促活动,以示范促建设

通过文教联盟(文化与教育系统)、三馆联合(总馆—校园分馆—社区分馆)、两点联动("汽车图书馆服务点"和"彩虹书屋服务点"),打破传统城乡区域属地服务意识,实现跨区联合、社会化合作服务,构筑城乡一体化少儿图书馆分馆服务体系。以文化服务联动各县(市、区)图书馆、文化礼堂,引领乡村基层开展主题活动,为广大社区、乡村、学校的少年

儿童提供就近、集中、精准、便捷、多样化的优质阅读服务。

（三）推出精品阅读课程，促进阅读推广人成长，为整个县域的儿童阅读生态提供系统服务

以温州市少年儿童图书馆"新雨讲坛"为模式输出精品阅读活动（课程），组建各县（市、区）分团，开展以县级图书馆为中心的"1+X"阅读推广活动，组织开展少儿阅读推广人培训班，提升阅读推广人的综合素质和业务水平，推动县域儿童阅读生态圈建设。

四、取得成效

2019年全年，温州市少年儿童图书馆共开展"新雨"家庭教育公益讲座117场，受众3.5万人，提高了家庭教育的针对性和实效性；新增1家分馆、6个汽车流通点，建设完成永嘉县慧才小学"彩虹书屋"服务点和龙湾区蒲州派出所"彩虹书屋"，打通公共文化服务"最后一公里"。

永嘉县慧才小学"彩虹书屋"授牌

同时，以乡村儿童为服务对象，组建志愿者讲师团走进温州各县（市、区）图书馆、乡镇小学等地，开展全方位、多层次的阅读推广活动10场，2000余人次直接参与，同时编辑整理《家庭阅读指导手册》，发放超过1500份"阅读礼包"，拓展了公共图书馆服务的广度和深度。

"新雨讲坛"洞头区灵昆第一小学王晓君讲师专场

温州市少年儿童图书馆组织承办省少儿阅读推广人培训班，加强全省少儿阅读推广志愿者骨干队伍建设，温州市各地图书馆管理员、阅读推广人也积极参与培训，提升阅读推广人的综合素质和业务水平，促进乡村阅读推广梯队发展。

（温州市少年儿童图书馆）

多元化公共文化服务融合发展：
鹿城区打造"阅读+"文化服务综合体

一、项目背景

2019年，温州市计划打造千亿级的文化产业，文化产业成为鹿城区新兴四大支柱产业的重要组成版块。鹿城区作为温州市中心城区，兼具行政中心、商业中心、文化中心、生活中心等多重属性。在此基础上建设一个具备居民综合文化服务功能的小型综合体，既能够满足大众日益增长的文化生活需求，又能够打造一张代表温州综合文化服务的"金名片"。

因此，温州市鹿城区以阅读为抓手，以书籍为切入点，建成"城市新阅读·阅读+多元文化交流中心"，提供"阅读空间""阅读服务""读者分享""温籍作家交流创作""出版设计发布""书业共享"等多种大众阅读服务，并为"台海两岸""中意文化""文化名人名家""文化艺术团体策展"提供专业化的文化服务与交流平台。打造"阅读+"文化服务综合体，既能够用"阅读"与"书籍"串联文化产业，又能够整合文化资源，打造浙南核心文化艺术交汇高地，更能为城市未来文化生活发展夯实基础，从数据、科技、空间等方向对阅读进行重新解读，探索全民阅读发展新路径。

二、主要做法

"阅读+"多元文化交流中心以书籍与阅读为文化连接点和服务切入点，为大众阅读提供平台服务，为多领域文化群体提供创作、交流、合作支撑，同时整合大数据为城市阅读、书业指数提供专业化分析与信息发布。

（一）打造一个全民阅读新空间

一是打造阅读中心。建成面积约 2000 平方米的"城市新阅读·阅读＋多元文化交流中心"，设置"阅读者之家""多元文化艺术交流平台""书业·阅读指数数据分析中心""温籍作家宣传平台"四大功能板块。二是制定共享机制。建立文化空间"共享"机制，在举办各类文化活动的同时，免费向市民开放书籍借阅及举办读书会、沙龙、演讲的公益场地。三是搭建交流平台。持续开展大型文化活动，借力全市范围内的作家、读书会联盟、高校、社会团体等资源，增强与统战、金融、社科等部门的合作，积极引入资源与合作项目，拓宽多元文化艺术交流空间，提升公共文化服务水平。

（二）打响一批全民阅读新品牌

一是发起"红色阅读马拉松"活动。发起"鹿城千人红色阅读马拉松"活动，设置"一鹿求知——红色书柜推广活动""一鹿竞答——线上爱国知识竞答游戏""一鹿阅读——千人红色阅读马拉松"三大板块。二是推出《作家圆桌会》栏目。为温州籍作家提供创作场地及出版、宣传、发布等服务。组织发起温州籍作家圆桌讨论会，推出《作家圆桌会》栏目，邀请《温州两家人》编剧李涛等知名作家出席、荐书并发言探讨。三是打造城市阅读高端论坛。举办首届"阅读与城市共生——城市新阅读论坛"，邀请兄弟城市、专家学者来鹿城区参与城市阅读对话，从数据、科技、空间等方向对阅读进行重新解读。下一步计划每年 4 月固定举办城市新阅读论坛，探索与全球城市对话。

（三）打造一种全民阅读新模式

一是引导城市阅读新风向。打造"温州·阅读"指数数据中心，与商务部"开卷"大数据合作，发布各类与阅读相关的大数据，为实体书店提供市民阅读偏好信息，助力文化指标体系搭建。二是升级数字阅读体验。在交流中心设置电子查询系统、图书展示屏、数字图书体验区、文化活动体验区等科技设备，提高市民的体验感。推出交互式微信公众号，收录 100 多本精华有声书，实现书库"每月更新、每周更新、每日更新"，推出贴心式市民阅读服务。三是串联线上线下阅读空间。与中国招商银行、市民卡实现深度合作，在全国范围内发行定制图样联名卡，在银行入驻阅读空间；打通市民卡阅读服务渠道，在市民卡中注入文化服务版块功能；与青岛实现城市传媒合作，以温州为试点，铺设城市自助借阅书柜，开展城市书籍"漂流"；与"叶同仁堂"合作，计划打造全国首家中医主题书店；与转转二手平台合作，在全市范围内进行二手书的回收与流转。

三、活动创新

（一）全民阅读，创新交流

"阅读+"多元文化交流中心为读者提供了阅读交流空间，挑选 2 万册涵盖政治理论、社科、少儿、文学艺术、科技生活等多种类型的图书，目前已累计提供借阅服务近 5000 人次，并策划组织童画展、温州大学广告创意路演、我们的生活剧本朗读等活动 89 场次，仅城市经济高端论坛就吸引了 15 万人次在线观看直播。

同时，积极开展作家圆桌会议。截至 2019 年年底，已开展 18 期活动，线上线下参与人数达 3 万人。近期正在策划推广温州籍作家倪蓉棣新作《空穴》，受到历史学者傅国涌、《西湖》杂志副主编吴玄、诗人马叙等知名作家高度评价。

（二）全民阅读，多元共享

"千人红色阅读马拉松"在全城 5 个赛点同时打响，分为 4 小时"全马"组和 1.5 小时"迷你马"组，累计吸引 1600 多位市民参与。紧扣新中国成立 70 周年关键点，在全区城市书房、文化礼堂、社区文化家园、企业文化俱乐部等场所挑选 70 个场馆，布置 70 个红色书籍专柜，分别新增 70 本红色书籍，鼓励广大市民积极阅读。

（三）全民阅读，数据服务

"阅读+"多元文化交流中心针对不同类目书籍进行大数据分析，为城市文化建设提供数据支持，为政府政策研究提供参考依据。目前已发布 2019 年度"全国前三季度畅销书榜"与 2019 年度"温州城市阅读指数报告"，并通过与历年阅读指数榜单的对比，为市政府推进"书香进大院"提供政策书单。

四、取得成效

截至 2019 年年底，各类社会组织先后举办了"冯站长之家"见面会、温州民间智库促进会沙龙、民生演说家演讲比赛、"瓯睿对谈"分享活动等 120 余次，实现了群众口碑和社会效应的双赢，并与温州市委员会统一战线工作部、温州市妇女联合会、鹿城区互联网发展促进会等 5 家市、区级单位建立合作关系，受到人民网、《中国广播报》、中国新闻社等各级媒体报道推广近 40 次。

（鹿城区委宣传部）

泰顺县"阅享童年"阅读推广行动

一、项目背景

党的十八大报告提出"扎实推进社会主义文化强国建设",明确表示要着力开展"阅读活动",李克强总理也连续两年在政府工作报告中提出"倡导全民阅读,建设书香社会"的要求,提出要把读书作为"修身治国平天下"的重要依托。在国家高度重视全民阅读的背景下,图书馆作为主要推广单位,需要对其特别重视是不言而喻的。在此大背景下,阅读推广显得尤为重要,尤其是少儿阅读推广,更是阅读推广工作的重中之重,并且少儿阅读推广活动也是公共图书馆的核心载体,少儿群体处于人生的起始阶段,培养他们通过阅读学会独立思考和解决问题的能力是全社会义不容辞的责任,这就要求在满足少儿阅读要求的条件下,营造良好的阅读或阅读推广环境,积极创新阅读方式,全面提高少儿的阅读体验。因此,根据泰顺县图书馆的阅读推广现状,泰顺县推出了"阅读助成长 经典伴童年——'阅享童年'阅读推广活动计划"。

二、主要做法

阅读推广是面向公众提供的一项重要的阅读服务。每个社会成员,既是阅读推广的对象,也是阅读推广的触角。泰顺县图书馆借助社会人群组成泰顺县"花婆婆"志愿者团队,形成社会合力,积极联动,做好少儿阅读推广,推出"阅享童年"阅读推广活动,活动利用周末的时间由"花婆婆"志愿者团队的老师为少儿讲读绘本。随着时代的进步,"阅享童年"的活动内容从"绘本分享"扩展为其他形式,如手工制作、电影欣赏、绘本趣味延伸活动等,用多元化的内容丰富少儿的知识量与想象力,此活动开展至 2019 年年底已有 330 余期,受益人次达到一万余人。除此之外,泰顺县图书馆把"阅享童年"活动延伸至公益绘本主题培训以及送绘本下乡层面,利用多种形式,根据少儿的年龄段、类型进行分类,对绘本主题进行概括,争取惠及更多不同的少儿,使之阅读到更多不同类型的图书,在一个优越的环境下养成我县广大少儿良好的阅读习惯。

三、创新亮点

(一)搭平台,引人才

图书馆有着丰富的馆藏资源,想要更好地发挥馆藏资源的作用,需要的是阅读推广,但是基层图书馆缺乏人才,所以我们通过学校合作、媒体招募等方式,创建了泰顺县"花婆婆"志愿者团队。经过三年的时间用心打磨、用力践行,目前团队已经拥有来自不同行业的 40 余名志愿者,与此同时,团队也在不断地壮大,努力使更多有能力、有爱心、有耐心的志愿者加入这个团队。图书馆提供了这样一个平台,不仅能够使志愿者团队的才能得到更好的发挥,也能够让更多的少儿拥有良好的阅读环境,树立正确的阅读观念,培养正确的阅读方式。

(二)拓"销路",促建设

为了满足少年儿童对阅读的需求,泰顺县图书馆推出了"阅享童年"阅读推广主题系列活动,在每周末为少儿开展绘本分享、手工制作、电影欣赏、绘本趣味延伸、读书分享会等活动。少儿通过各类主题活动不仅能提高语言能力,也能陶冶自身的艺术情操,这些活动深受众多家长与孩子的喜爱。"阅享童年"阅读推广活动一共开展了 330 余期,受益人次达到一万多。在进行阅读推广的过程中,不仅有"阅享童年"活动,还有多类型主题公益培训,对特殊人群、不同年龄段的少儿进行培训,做到因人制宜。乡村少儿阅读资源的严重匮乏和阅读方法的极度不合理，使得他们在面对书籍时缺乏基本的判断能力与选择能力，使得美好的阅读体验对于他们来说成了一种奢侈的享受。所以泰顺县图书馆会不定期地送绘本下乡，为孩子们精心挑选图书，用适合他们的方法讲述图书，让他们读好书、读适合自己的书。在阅读推广这条路上，泰顺县图书馆一直在前进，争取拓宽"销路"，从多渠道进行阅读推广，使受益人群更加广泛，让文化惠民落到实处，提高群众文化获得感和幸福感。

（三）学专业，扩知识

聚志愿服务力量，绘文化阅读画卷。泰顺县"花婆婆"团队是由各个领域的人才汇聚而成的，他们以志愿服务为依托，优化育人体系，做好阅读推广。为了加强志愿者队伍规范管理，使其有序运作，能够长效发展，泰顺县图书馆每年定期组织召开年会，确立工作目标和工作重点，并总结经验以及评选先进，使志愿者团队工作能够规范有序的推动。与此同时，为了提高志愿者素质，呈现出"领域多元化、活动规范化"的良好发展态势，泰顺县图书馆经常派志愿者到省、市图书馆进行学习与交流，使之成为群众性精神文明创建活动中一道亮丽的风景线。

四、取得成效

（1）"阅享童年"活动一直以来都深受广大读者喜爱，为读者带来的好处也颇多，许多家长没有时间或者不懂如何教孩子阅读。在参加这个活动之后，家长们纷纷表示这解决了他们孩子的阅读问题，孩子能够在良好的环境、氛围下，在老师的带领下更好地学习书中的内容，家长也能在观摩老师的教学后了解如何带领孩子阅读。这个活动成了家长与孩子们心中的"港湾"。该活动共开展了330余期，泰顺县图书馆做到期期内容不同，期期人数爆满。每期活动志愿者团队的老师会根据当时的节日或者季节等来组织活动，比如春节系列活动，通过春节的习俗、春节期间的趣事等来引导少儿学习知识，了解春节民间习俗等。少儿能在每期精心组织的活动中

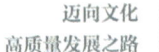

"阅享童年"阅读推广活动照片

阅读推广志愿者会议　　2018"书香泰顺"全民阅读节开幕式

学到不同的知识,并感受到良好的阅读氛围。

（2）作为公益性的社会文化教育机构,图书馆已成为启迪民智的"第二课堂",在提高全民族文明素质,尤其是提高少年儿童素质、促进少年儿童学习成长方面发挥着重要的作用。因此,图书馆定期组织公益绘本主题培训,每次培训都会选定当代少年儿童需要学习、了解的内容为主题,通过图文并茂的绘本让少儿更容易学习其中的内容。培训内容中有针对特殊人群开展的培训,能够让大家了解特殊人群的特性,让大家接触的图书范围更加广泛,在学习中了解特殊人群。

（3）送绘本下乡活动根据乡村少年儿童的学习情况选择合适的绘本教材,对他们进行绘本阅读教学,让学生在学习中感受阅读的快乐,此活动受到学生、家长们的一致好评。

（泰顺县图书馆）

山村特色人文空间的整合与提升：
文成县畲族文书阅读推广特色人文空间

一、项目背景

文成县是浙江畲族的主要聚居地之一，全县畲族人口1.7万人，占全县总人口的4.6%，占全市畲族总人口的36%，有西坑、周山两个畲族乡镇，垟山、石竹龙、培头等26个畲族村。文成县的畲族文化与当地的刘伯温文化、侨乡文化、红色文化、孝文化等一样，是文成县地方特色文化的重要组成部分。为了更好地挖掘、保护和弘扬畲族文化，文成县图书馆自2011年以来与华东师范大学历史系合作开展畲族文书抢救工作，取得了阶段性成果。截至2020年4月初，文成县图书馆已征集畲族文书7000余件，成为目前全国收藏畲族文书种类和数量最多、最全的县级公共图书馆。地方文献工作、阅读推广工作是公共图书馆基础业务的两个方面，将两者相结合，有利于读者在活动中提高对地方文献的认识。文成县图书馆通过在地方文献室展示成果，打造畲族文书阅读推广特色人文空间，有利于文成县特色馆藏建设。文成县图书馆将畲族文书与阅读推广相结合，有利于盘活文成县畲族文化，让读者更好地了解畲族文化，进一步促进全民阅读。文成县图书馆现有文成县畲族文书展厅1个、畲族文献室1个。

二、主要做法

（一）开展畲族文书的整理、研究和展示工作

这些工作主要由文成县图书馆组织实施，在上海华东师范大学、文成

县民族宗教事务局和文成县畲族研究会的配合下对全县地毯式地展开田野调查。

采取的措施：

（1）提高认识，加强领导。成立文成县畲族民间历史文献征集领导小组，走出馆门，广泛征集。抽调人力进行普查征集，搞好调查研究。

（2）加大经费投入，多方收集畲族民间历史文献。设立专项经费，对为地方文献收集工作作出突出贡献的单位和个人给予适当的奖励。

（3）加强业务研究，挖掘畲族文书价值。文成县图书馆周肖晓馆长的《新发现浙南畲族文书之概况与价值》通过介绍畲族文书的特点、类型展现其研究价值，《礼俗与社会：清代以来的畲族礼俗文书述论》通过展示其民族性与基层性，唤起人们对少数民族文书的重视。文成县图书馆课题《清末民初文成县畲族民间历史文献的整理与研究》获浙江省图书馆学会2015年度学术研究资助课题。德国马克斯·普朗克研究所宗教与族群多样化研究中心汪小烜博士后，上海社会科学院文学研究所研究员夏咸淳，华东师范大学冯筱才教授，浙江省社会科学院张宏敏副研究员，北京师范大学王辉博士，华东师范大学历史系研究生王磊、余康、闻文、王思思、林如意、王子恺、马步青、李冰冰、梁华、肖瑶、洪珊珊等，曾到文成县图书馆畲族文献室开展研究工作。

（4）加大宣传，扩大影响力，展示研究成果。首先，在文成新闻网、今日文成上发布征集公告，并与媒体合作，使广大群众对畲族民间文献收集和保存意义有一定的认识；其次，在馆内四楼地方文献室展示畲族民间文献资料，吸引更多读者的关注；最后，认真对待赠书者，如回赠捐赠证书等。

（二）开展相关推广活动

（1）在四楼地方文献室成立畲族文书展厅，组织读者特别是少数民族读者参观，宣传本馆文献，使读者对畲族文献有更深的了解，扩大畲族文献的读者群及社会影响力。

（2）2016年，文成县畲族文书阅读推广特色人文空间建设作为文成县宣传文化系统参加全市"比学赶超"活动的一个亮点工作，受到温州市各个县（市、区）宣传部部长的一致好评。

（3）出版《文成畲族文书集萃（精）/浙江地方文书丛刊》，收录具有重要史料价值的精选文书300件，为明清浙江地方史以及畲族的经济、文化、社会等诸多领域的研究提供了丰富的史料，唤起了人们对少数民族文书的重视，推进了对山区及少数民族地区文献的研究。

（4）2016年，携手央视微电影频道执行总监章毅，拍摄纪录片《初心——文成图书馆抢救畲族文书纪实》，在网络上进行宣传。

三、创新亮点

引导专业的社会力量参与文成县畲族文书地方特色资源建设，促进全民阅读。

（1）引导有关单位、专家、学者等参与，进一步把握地方特色资源建设的重点内容。文成县图书馆在收集畲族文书的过程中，主动与浙江省畲族文化研究会会员钟维禄老师合作，由于认真听取钟老师的建议，各项工作进展顺利。

（2）引导专业院校相关专业的优秀师生参与，进一步挖掘地方特色资源的文化价值。文成县图书馆与上海华东师范大学历史系合作，对全县畲族文书进行进行了修复、整理、抢救，在四楼地方文献室展示了畲族文书的相关成果。2016年11月，文成县图书馆成为上海华东师范大学"民间记忆与地方文献中心教研基地"。

（3）与微电影团队合作，进一步宣传推广地方特色资源。文成县是浙江省首个微电影基地，与央视微电影频道达成了5年合作计划。文成县图书馆充分利用本地优势，积极探索新媒体环境下与微电影团队的合作。

纪录片《初心——文成图书馆抢救畲族文书纪实》

四、取得成效

中央电视台微电影频道执行总监章毅携手文成县图书馆拍摄的纪录片《初心——文成图书馆抢救畲族文书纪实》入选优酷"中青年人文关怀话题"。《中国青年报》、人民网、凤凰网等媒体对这项工作进行了多次报道，相关微博阅读量达到近百万人次，极大地提高了文成县图书馆畲族文书的知名度。文成县畲族文书阅读推广特色人文空间曾荣获2018年浙江省"发现图书馆阅读推广特色人文空间"三等奖。文成畲族文书阅读推广特色人文空间，进一步推进了畲族民间历史文献的收集、挖掘、整理和推广工作，具有以下现实意义：

（1）为更加全面、深入地研究畲族历史，传承、弘扬和发展畲族优秀的传统文化提供了史料依据。

（2）为文成县打造"畲乡旅游品牌"提供信息支持并丰富其文化内涵。

（3）为推进各民族的思想文化交流，缩小畲汉差距，促进民族团结融合，推进社会主义新农村建设，做出新的贡献。

（文成县图书馆）

第四章

全民艺术普及与优秀传统文化传承

城市书房
文化驿站　乡村艺术团
文化礼堂　温州艺术节　全民阅读节
市民文化节　乡村文艺繁星计划　图书馆法人治理结构改革
非国有博物馆群　非遗体验基地　全民技艺1510普及工程
博物馆文物点阅　文化温州云　新雨立体阅读　毛毛虫上书房阅读汇　籀园讲坛
艺普及　新时代车间文化　蚂蚁联盟志愿者　文艺创编孵化中心　温州诗词大会　阅读马拉松
真人图书馆　名家视野　百姓书屋　城乡艺网　山水舞台　城市书巢　云端大舞台　江心屿金秋文化节
江心屿跨年音乐节　畲族风情旅游文化节　我想我享文化快线　市民艺术团　残疾人文化艺术周　城市书展　候鸟计划

【篇首语】

　　大力推进全民艺术普及，传承发展中华优秀传统文化，满足人民群众对美好生活的新期待，是新时代公共文化服务的历史使命。在我国现代公共文化服务发展进程中，各地积极探索具有时代特征、地方特色的全民艺术普及和优秀传统文化传承的新途径、新机制，以"城市书房""文化驿站"等一批创新项目为代表的温州公共文化服务最新探索实践，已经成为全面展示中国特色社会主义制度优越性的重要窗口，为我国新时代公共文化服务高质量发展提供了值得学习、借鉴的"温州经验"。

　　温州是一座充满创新精神、发展活力的现代城市，温州人有着敢为人先、勇于超越自我的探索精神。在国家公共文化服务体系示范区创建中，温州市充分发挥体制内公共文化服务机构的传统优势，提高公共文化服务效能，积极创新社会力量参与机制，探索"文化驿站""表演艺术类培训机构公益大联盟"等公共文化服务创新实践，激活全社会参与全民艺术普及的积极性，进一步丰富了公共文化服务资源，形成了共建共享文化发展成果的可喜局面，推动了优秀传统文化融入市民日常生活，进一步提升了温州城市的文化品质。

　　温州市在推进全民艺术普及、传承优秀传统文化的创新实践中形成了显著的创新亮点，主要表现在几个方面：首先，社会力量的参与丰富了公共文化服务供给。在公共文化服务的社会化参与中，温州一步一个脚印，一直走在全国的前列，无论是"文化驿站""城市书房"的探索实践，还是艺术培训公益大联盟的水到渠成，都是民营经济发达的温州在文化发展中的积极担当与人文情怀。温州通过有效整合社会文化场馆资源、人才资源，形成合力，扩大了公共文化服务的覆盖面。其次，以数字服务提升公共文化服务效能、活跃群众文化活动的网络直播，已经成为温州市公共文化数字服务的新常态。温州市在"文化驿站"的艺术分享活动中，自觉运用网络直播，让更多公众享受文化服务，提升文化生活品质。最后，文旅融合提升旅游内涵，促进优秀传统文化传播。温州市重视挖掘旅游景区深厚的历史人文积淀，以具有地域特色的优秀传统文化，丰富旅游景区的文化内涵，提升旅游景区的文化品位，在丰富游客旅游体验的同时，扩大优秀传统文化的社会传播范围。

温州市"文化驿站"是公共文化服务创新品牌，是温州市文化馆总分馆制建设"1+10+N"整体布局的重要组成部分，也是创新亮点所在。作为文化馆总分馆制的新型模式，温州市文化馆在整合体制内公共文化场馆资源、人才资源的同时，激发社会力量参与全民艺术普及工作的积极性，把公共文化资源与书店、茶座、影院、民宿、商场等有机融合，使之成为现代、时尚而又充满文艺范儿的新型公共文化空间，吸引众多年轻人走进公共文化场馆，走进这些新型公共文化空间，体验优秀传统文化的博大精深，重温经典文艺作品的艺术魅力。温州市文化馆总分馆制的新型模式，突破了以往总分馆制体系在体制内运行的惯性，充分体现了公共文化服务中政府主导、社会参与、全民共享的理念，形成了富有时代特征、温州特色的宝贵经验，成为继嘉兴模式、大渡口模式、东莞模式之后我国新时代文化馆总分馆制的最新探索样本，具有示范意义和推广价值。

如何满足广大群众在新时代高品质、多样化的文化需求？在国家公共文化服务体系示范区创建中，温州市文化馆以创新的精神、开阔的视野组建表演艺术类培训机构公益大联盟,共同参与城乡公共文化服务建设。这个创新案例的亮点在于,首先,在充分关注艺术培训机构主体利益的同时,为他们搭建开展公益服务、展示良好社会形象的服务平台,增加公共文化服务的有效供给;其次,发挥社会艺术培训机构的人才资源优势,将公益艺术辅导的触角向乡村延伸,配合各级文化馆开展艺术辅导,推进乡村艺术团建设,为乡村文化振兴提供人才队伍上的支持;最后,艺术培训机构公益大联盟开展面向特殊群体的公益艺术培训,促进公共文化服务均等化。

在扩大公共文化服务受益群体的同时,温州市重视提升公共文化服务品质。温州博物馆提供"文物点阅"服务探索文物活态利用的案例,有几个方面值得称道:一是体现了以人民为中心的服务理念,根据群众文化需求提供精准化的服务,在保证文物安全的前提下,提供个性化的文化服务,丰富公众的文物观赏体验;二是盘活博物馆的馆藏精品资源,分期推出数以千计的馆藏精品文物,在数字服务平台分享,接受公众预约观赏,提高了馆藏文物资源的服务效能。传统的展品陈列,满足的是广大公众走进博物馆参观馆藏文物的需求,而"文物点阅"则满足了大众个性化的观赏要求,两种服务类型对应公众不同的文化需求,相映生辉,体现了温州博物馆公共文化服务的良苦用心。

优秀传统文化如何更好地融入生产生活各个方面,成为人们不可或缺的日常组成部分?温州龙湾区"古堡·城市文化客厅"就是文旅融合的成功案例,在保护传统历史建筑风貌的同时,深入挖掘城市历史文化价值,以永昌堡建筑为核心,在非遗传承基地、文化驿站、百年广进祥展厅等建筑内,组织开展传统文化艺术的展览和分享会,打造艺术家群落,丰富旅游景区文化内涵。温州市鹿城区的"非遗创艺坊"案例,则是优秀传统文化现代传承的成功实践。"非遗创艺坊"项目适当简化实操技巧,研制非遗项目材料包,结合文化志愿服务,面向社区开展公益培训推广,探索了非遗项目现代普及的可行路径。

温州市在国家公共文化服务体系示范区创建中，坚持优秀传统文化的创造性转化和创新性发展，大力推进全民艺术普及，注重提高人民群众的文化获得感，取得了令人瞩目的成效，其富有创新意义的公共文化服务实践案例，对于我国现代公共文化服务的高质量发展，有着标杆意义和引领作用。

（中国文化馆协会副理事长，中国文化馆协会理论研究委员会副主任委员，浙江省文化和旅游智库第一届专家委员会委员，浙江省文化馆首席专家，王全吉）

"城乡艺网"互联平台：
打造共建共享、互联互通公共文化服务纽带

一、项目背景

温州市、县（市、区）文化馆（站）建制齐全，专业能力突出，城乡群众文艺队伍蓬勃发展，工作基础扎实，是现有1个市级文化馆、11个县级文化馆、210家文化驿站（特色分馆）、163个乡镇（街道）综合文化站、2600多个乡村艺术团和400多个温州市艺术类培训机构公益大联盟的会员单位。国家第四批公共文化服务体系示范区创建的重大机遇，为温州市文化馆总分馆制跨越式发展创造了极为有利的条件，促进了以"城乡艺网"为特色的新型文化馆服务体系模式的形成，使其覆盖城乡、文艺引领、服务全民、示范全国。

二、主要做法

（一）以云服务平台为纽带，形成"城乡艺网"

温州市将好似一颗颗繁星般点缀在温州大地上的公共文化服务单位作为支点，通过建设"城乡艺网"互联网服务平台使其紧密相连，形成覆盖温州各地的网络，使温州市文化馆总分馆体系中的公共文化资源得到充分统筹利用，公共文化服务效能得到提升，实现了公共文化服务的全覆盖。"城乡艺网"互联网平台主要分为面向社会服务和文化馆系统内部管理两个部分。面向社会服务部分包含信息发布、活动报名、场馆预约、点单服务、

资源展示、文化慕课、文化直播等栏目，主要是为温州的人民群众提供各类线上公共文化服务。文化馆系统内部管理部分则是以活动打卡功能为重要特点，温州市文化馆总分馆体系内的各个单位均有各自的专属账号，各单位在开展文化活动时，由工作人员登录手机上的平台 App 后，将活动的名称、地点、人数、主办单位等基础信息填好，用手机直接拍摄现场照片 2~5 张上传留证。同时，为避免造假，系统会禁止从手机自带图库上传相片或视频，而是要求直接拍照上传，并进行自动定位。后台大数据中心会将上传数据归纳整理，在大数据屏幕上展示。

（二）以县级文化馆为主力，据实创新推进工作

温州市文化馆推进总分馆建设时，以市级文化馆作为引领，县级文化馆作为实践工作的主力，允许它们根据《关于推进县级文化馆图书馆总分馆制建设的指导意见》（以下简称《总分馆制意见》）和当地的实际情况进行探索创新，推进总分馆制建设。像泰顺县文化馆，专门制定、出台了总分馆建设标准，对各个乡镇进行考察，条件达标才允许分馆挂牌，将本馆的公共文化服务网络员派驻到分馆担任副馆长，当地的文化员任馆长，合力开展基层文化工作，效果颇佳。瓯海区文化馆早在 2016 年就成立了娄桥分馆，由业务副馆长任分馆馆长，现在已经在全区的 13 个乡镇全部成立了分馆，文化员为分馆馆长，业务干部任文化联络员，进行业务指导，通过社会购买派遣文化派驻员入驻分馆参与文化工作，解决基层文化力量不足的问题。

（三）以文化驿站为平台，打造特色分馆

2017 年，当时的温州市文化广电新闻局将文化主题与驿站理念相结合，以时尚化、休闲式、体验版、互动型、文艺范为定位，打造公共文化服务创新项目——文化驿站。2018 年，市文化广电旅游局正式将文化驿站作为特色分馆纳入文化馆总分馆体系建设。文化驿站采用连锁运营机制，现已初步形成"1+10+N"的建设模式。同时，按照"全面打造文化馆总分馆制

的温州模式"的总体要求，不仅在已经建成的文化驿站中植入微型文化馆的功能，即使其具备一定的公益展览、培训、创作、孵化、辐射周边百姓等功能，同时，还进一步向基层乡镇（街道）延伸，使之走出都市，进入乡村百姓的生活，逐步实现全市域覆盖。

（四）以乡村艺术团为抓手，振兴乡村文化

为了进一步丰富、活跃基层文化生活，破解农村公共文化服务不充分、不均衡等难题，温州市各县（市、区）按照"因地制宜，先行先试，盘活资源，整合提升，规范服务"的原则，以"单独建团、邻片组团、互补联团"等组建方式、"镇街总团、村（社）分团"等运行模式和"分类指导、分级补助"等扶持机制，分阶段、有计划地开展乡村艺术团组建工作。经过两年努力，目前全市已经建立 2800 多支队伍。这些乡村艺术团以自编、自导、自演开展活动的方式，改变了"政府包揽"的模式，真正建立了"我的舞台我做主"的公共文化服务新格局。

三、创新亮点

（一）服务云平台为基层提效减负

"城乡艺网"互联网服务平台的线上实时活动打卡功能的实现，改变了传统的年终考核模式，实现了实时考核。将以往基层费时费力的集中式台账整理工作，分散在日常痕迹化管理工作中完成，在需要的时候可以实时调阅，实现了基层减负。同时，将考核指标量化，系统只需要事先设置好评分规则，就能自动生成分数报表和分数，作为上级对下级单位考核的重要依据。减少了人为的主观印象，评分更加客观公正，台账数据透明可查，减少了争议。

（二）文化馆工作上下联系更加紧密

传统文化馆系统内各单位就像是春秋时期的诸侯国，业务上市级文化馆统一领导，但是实际工作中各自为战，资源无法有效统筹。温州市文化馆总分馆体系推进后，以"城乡艺网"互联网平台帮助中心馆、总馆、分馆捋清各自工作职能，使文化主管部门对全市的公共文化资源有了直观了解，方便其统筹调度，实现资源最优化配置，利用网络大数据服务提高工作效率，提升服务效能，文化馆系统上下联系更加紧密。

（三）社会力量积极参与公共文化

在温州市文化主管部门的领导下，温州市文化馆牵头成立了温州市艺术培训机构公益大联盟，通过整合、统筹全市艺术培训机构的人才、服务、技术等资源，带领他们通过活动联搞、培训联做、平台联建、品牌联创的形式，搭建高层次、多门类、全方位的交流合作平台，形成资源共享、优势互补、区域联动、服务优质的制度机制；通过志愿服务和政府购买等形式，破解基层公共文化资源尤其是人才资源不足的难题。在文化驿站建设上也积极引入民间资本，在注重社会效益的同时尝试市场运营，探索长效发展。

四、取得成效

温州市文化馆总分馆建设工作开展以来，仅2019年，全市文化馆就开展各类主题活动900多场，近6万人参与表演，现场观众近110万人次，线上观众达330余万人次。温州市群众创作相关音乐作品40多首，原创舞蹈作品19个，戏剧小品类作品12个（所有作品均为参赛作品）。两年来，全市"文化驿站"累计开展活动3085场，直接参与活动的市民达19万人次，通过网络传播和直播参与的市民达200余万人次；乡村艺术团开展活动22000多场，累计受益群众达数百万人次。

（温州市文化馆）

凝聚文化公益的社会力量：
温州市表演艺术类培训机构公益大联盟创新实践

一、项目背景

公益培训是温州市文化馆打造的一项常态化惠民服务，自2013年以来，市文化馆开展公益性艺术类免费培训已经有7个年头，受益人数达10万多人次，"天天有培训，周周有精彩"的全面艺术普及方式，得到了温州市民的热烈响应。随着时代的进步，市民对表演艺术的热情也与日俱增，传统公益培训方式日渐难以满足越来越强大的培训需求。

在温州这片民营经济的沃土上，活跃着数以千计的社会艺术培训机构，它们为广大市民提供声乐、舞蹈、器乐、走秀、主持、戏曲、武术等多个门类的培训项目，这些机构以其专业的师资和硬件条件，极大丰富了公益培训之外的培训市场。然而，这些培训机构大多处于"单打独斗"的局面，其生源和培训资源都存在一定程度的限制。

2018年11月，在温州市文化广电旅游局的发动下，以温州市文化馆为主阵地，温州市众多社会培训机构、文化传媒公司、县（市、区）文化馆等共同组成温州市表演艺术类培训机构公益大联盟，旨在整合全市文化馆人才、服务、技术等资源，带领成员单位通过活动联办、培训联做、平台联建、品牌联创形成资源共享、优势互补、区域联动、服务优质的机制，从而在全市构建多层次、分类别、全覆盖的公益培训新模式，全面提升温州市公共文化服务能力。

二、主要做法

一是成立联盟委员会，全面统筹协调联盟发展的相关工作。委员会办公室设在市文化馆培训部，具体负责公益培训机构联盟发展的日常工作。二是建立联盟的联系制度，加强指导与服务。三是成立公益培训机构联盟组织管理机构。制定联盟发展章程、发展规划，制订具体的运行方案，遵照联盟发展章程，决策或协调联盟发展的重大事项，统一负责联盟的对外形象宣传，统一协调联盟内各成员机构之间的各类教学培训活动、学员活动以及师资培训等。

自2018年10月发出招募公告后，联盟筹备委员会在短短1个月内就收到150多家培训机构和单位的踊跃报名，经过联盟筹备委员会的筛选和审核，131家培训机构成为公益大联盟首批成员单位，并于2018年11月16日举行联盟成立大会，11月18日举行联盟启动仪式暨文艺会演。

随着市本级公益大联盟的成立，温州11个县（市、区）也紧跟步伐，积极探索成立各县（市、区）公益大联盟，进一步扩大公益培训覆盖范围。从2019年下半年起，各县（市、区）根据实际，结合本地特色，陆续成立公益大联盟。其中，瓯海区表演艺术类培训机构公益大联盟精心打造"瓯海模式"，让公益大联盟资源优势最大化，将公益大联盟与乡村艺术团建设有机结合，借助公益大联盟力量辅导乡村艺术团业务，提升其艺术水准和综合素质，参与到每月主题巡演、文化走亲活动中去，让中心主题宣传覆盖更多的群众；乐清市艺术类培训机构公益大联盟的所有课程向社会弱势群体、新乐清市人倾斜，并开展"爱心联盟帮"，长期帮扶因家庭困难而影响艺术学业的孩子，为艺术之路搭建桥梁；永嘉县有53家表演艺术类培训机构向广大医务人员、公安干警、抗疫英雄及其子女免费提供129门培训课程、1351个培训名额，邀请他们在疫情结束后免费参加艺术培训。截至2019年年底，温州市表演艺术类培训机构公益大联盟成员数量已经达到

乐清市表演艺术类培训机构公益大联盟阿南音乐公益课堂

403家（含温州地区），规模不断壮大，辐射范围也在不断扩张。

三、创新亮点

（一）促进我市公共文化服务均衡供给，形成长效机制

公益大联盟通过全面整合我市表演艺术类培训机构的力量和资源，告别文化馆公益培训"单打独斗"的局面，打造我市公益培训联盟"一盘棋"，破解基层公共文化服务不充分、不均衡等问题，打通公共文化服务"最后一公里"，均衡配置培训资源，以点带面，使优质的公共文化服务能够精准配送到需要的人群；通过设立准入条件，制定联盟章程、理事会原则等规章制度，形成规范化、可操作的长效机制，并在各县（市、区）推广复制。

（二）促进艺术类培训机构健康成长，推进全民技艺普及

自2018年11月成立以来，市本级公益大联盟已经举办3台大型晚会，

参演人数近3000人，线上直播平台观看人次近150万。公益大联盟不仅实现了各成员单位的优势互补、强强联合、共同进步，还计划引入国内高水平艺术讲座，提高培训机构师资水平和力量，通过不断壮大的联盟规模和联盟实力，提升全市范围内艺术类培训机构的整体水平；通过联盟成员单位开放各个门类的公益培训，让人民群众能够在最优惠、最便捷的前提下享受到公共文化服务，不仅如此，公益大联盟还要通过组建艺术团、组织赛事演出等活动，全面提升学员的艺术水平和修养，从而不断提升城市文化品位，推进全民技艺普及。

（三）促进社会力量加入公益培训行列，提升公共文化服务社会化水平

通过"服务换积分""积分换场地、平台和师资"等激励政策，为联盟成员单位带来实实在在的收益，也使"凝聚社会力量，倡导公益培训"的口号在我市各家培训机构口口相传，形成区域之间、机构之间广泛交流与合作的机制，实现优势互补、信息互通、成果共享，形成发展合力，引领和助推温州市公共文化服务事业创新发展，共同提升公益联盟的能力和水平。

（四）省内率先示范，打造公益培训的"温州模式"

温州市文化馆开展公益性艺术类免费培训已经有7个年头，受益人数达10万多人次，"天天有培训，周周有精彩"的全面艺术普及方式得到了温州市民的热烈响应。随着时代的进步，市民对表演艺术的热情也与日俱增，为了让公益培训的触角充分伸展到每一个角落，公益大联盟的成立实现了公共文化服务社会化供给，在省内乃至全国都属于创新举措，具有较大的推广价值。

（五）借助联盟师资，助力乡村文化振兴

全市各个县（市、区）成立公益大联盟，进一步扩大了公益培训的辐射范围和门类，并借助公益大联盟的师资力量，与邻近乡村艺术团结对帮扶，经常性开展针对乡村艺术团负责人和骨干成员的各类培训，切实提高

其综合业务素质，助力乡村文化振兴。

四、取得成效

截至 2019 年 12 月，温州市 11 个县（市、区）已经全部成立公益大联盟，累计开展公益培训课程 4237 次，受益人达 6 万余人次，开展各类公益巡演、文化下乡、走亲等活动 500 余场。在抗击疫情的特殊时期，联盟成员单位积极加入文化战"疫"队伍，创作抗"疫"文艺作品，如温州市小主播艺校学员原创朗诵《天使与英雄》并录制 MV，向一线英雄致敬；平阳县公益大联盟在疫情期间第一时间开展线上公益视频声乐课，线上教唱，共 300 人参加。

通过公益大联盟与乡村艺术团的结对帮扶，助力乡村艺术团成长和提升。2019 年，在大联盟的辅导下，温州市乡村艺术团迅速发展，由 2018 年年底的 1729 支增长到 2268 支，其艺术水准也不断提升，从广场自娱自乐到登上县级舞台，从全市"我们的村晚"到全省农村文化礼堂"村晚"展演，一步步登上更高、更广阔的舞台。

公益大联盟的成立是温州市社会力量参与文化的一项有效、有益的探索实践，它为整合政府资源和社会力量、丰富我市文化产品与服务供给搭建了新的平台，为我市百姓共建共享美好生活提供了丰富的精神食粮，对整合我市多方力量，集结优势队伍，提升城市文化品位，助力公共文化服务体系示范区创建，发挥了重要的作用。

（温州市文化馆）

温州"文物点阅"：文物活态利用的探索与实践

一、项目背景

为了深入贯彻习近平总书记关于"让文物活起来"的重要指示精神，落实《国务院关于进一步加强文物工作的指导意见》（国发〔2016〕17号）和国家文物局《关于促进文物合理利用的若干意见》（文物政发〔2016〕21号）精神，共享文物保护利用成果，进一步发挥文物在传承和弘扬中华优秀传统文化的重要作用，特别是2007年第三次全国文物普查以来，温州新增的大量新发现文物，其资源尚未有效地开放利用，为此，温州市博物馆推出"文物点阅"服务。

在文化旅游融合的大背景下，为强化融合理念，博物馆的定位也发生了变化。温州市博物馆今后的目标就是以打造旅游首选地为出发点，把有形与无形的文化资源转化为旅游产品，用文化增加旅游附加值，以文化要素的注入推动地方旅游特色化、品质化。为达到这一目标，需拓宽广大人民群众参与渠道，探索文物活态利用新举措，努力把博物馆建成推动传播优秀文化的有效平台。温州市博物馆根据自身特色，找到了一条创新之路，即开展"文物点阅"活动。

二、主要做法

"文物点阅"活动是定人、限量、定点的点单式服务，点阅的一切活动必须在确保安全的前提下实现。为确保文物安全，温州市博物馆制订《温州博物馆文物点阅实施方案》，对文物提取摆放、市民点阅流程与注意事项等做出规定，明确工作人员的操作规范及点单观众的权利、义务与责任。设置专门的文物点阅室，并根据文物安全与保护制度规定，对文物点阅室进行改造；采购宽大平稳的点阅桌、恒温恒湿调控装备、空气洁净屏、大屏投影一体机以及手套、口罩等文物保护设备设施；安装专业的灯光照明和多路高清摄像头，提高文物安全系数；添置绿植、装饰字画等软装饰，为市民营造一个舒适而又具有浓郁文化氛围的环境；开发点阅平台，为市民提供便利的预约平台。

为了降低环境变化对文物造成的伤害，博物馆对书画、织绣、漆器等文物的点阅时间做出规定，在梅雨天等温湿度不符合文物保护要求的时间，停止相关文物的点阅活动。同时，博物馆加强文物数字化建设，把文物点阅活动与文物数字化结合，建设文物点阅平台，在对外公布文物点阅清单的同时公布文物照片等数字化成果，让市民通过网络平台就可以找到自己所需的资料，减少文物利用与文物保护之间的矛盾。

经过周密筹划，博物馆于2019年3月开始试行"文物活起来，请您来点阅"——温州市博物馆文物点阅活动，在官网公布1000件馆藏文物点阅清单。市民可在网站上进行实名登记，圈点自己心仪的文物，下单约定点阅时间。基于文物安全考虑，每人次可预约点阅不超过3件文物，一般每场文物点阅活动控制在10人以内。在文物点阅活动开展前，当面向观众重申文物点阅安全规定，并与观众签订安全查阅承诺书。在文物点阅活动现场，博物馆专业人员提供一对一的服务活动，针对市民点阅的文物，主动讲解相关文物知识，回答市民有关提问。

2019年6月1日温州市博物馆正式启动"文物点阅"活动。当天的点阅现场还出现了一个有趣的现象，不少文物捐献者或者文物捐献者的后裔成为点阅服务活动的主角。他们认为，点阅服务拉近了人们与文物的距离，使观赏变得容易，点阅活动使故人与旧物相遇。此后，博物馆按计划又公布了 1000 件文物点阅清单，使市民可点阅文物达到 2000 件。博物馆计划两年内公布可点阅文物不少于 1 万件，使许多"长眠"在库房中的瓷器、书画、信札、铜镜、钱币、工艺品等文物得到合理、有效的利用。

三、创新亮点

"文物点阅"活动作为一种开放式的观赏活动，它从根本上颠覆了昔日藏品从库房到展厅展柜的流程，打破了多年来博物馆文物展示的方式，打破了多种近距离观看的限制，让观众可以不再被动式地接受规划好的展示方式，不受展期的限制，不受玻璃的阻隔，不受身份的限定，可以多方位地观赏文物。只要是年满十八周岁的中国合法公民都可以参与，自主选择心仪的博物馆库藏文物，让文物自然地成为广大人民共享共有的文化产品，实现社会价值的最大化。

它为市民提供了没有障碍的零距离观赏平台，市民可以根据自己的需求，从多方位观看、拍照，并享受到一对一的贵宾服务，对有关文物知识进行交流沟通，真正拉近了市民与文物的距离，让市民享受到一种亲近感与获得感兼具的全新体验。

四、取得成效

截至 2019 年 12 月 31 日，温州市博物馆共举办 20 余场"文物点阅"活动，接待观众 141 人次，点阅文物 274 件。这项活动盘活了许多"长眠"库房的文物，为文物合理、有效利用开拓了一条新渠道。该活动受到了广大市民的热烈追捧，参与活动的市民普遍反映，"文物点阅"活动使文物没有了展厅中展柜玻璃的阻隔，不受展期的限制，满足了他们的精神文化需求，使他们更为直观地感受到历史文化的魅力，感受到温州深厚的文化底蕴，增加了对温州这座城市的认同感，增强了民族自豪感。博物馆专业人员对文物知识进行讲解，及时给予专业的答疑解惑，让许多文物爱好者能少走弯路。"文物点阅"活动，打破了观众与文物的距离和阻碍，让他们意识到自己也可以参与其中，也可以成为文物保护研究的主角，从而吸引了更多的市民和社会资源参与到文物保护、文物研究中。

（温州市博物馆）

相关报道：

温州"文物点阅"相关报道

乐清市引领基层文艺创编孵化中心工作的创新实践

一、项目背景

近年来，随着乐清市文化强市建设的不断推进，乐清的文化形式迎来了全新的气象。一方面，乐清市民活动中心、体育中心、图书馆、文化馆、博物馆、大剧院、影城、柳市文化中心等一批现代、大气的公共文化设施建成投入使用，提升了城市文化形象，为群众丰富的文化生活提供了更大的场所。另一方面，基层文化驿站、乡镇综合文化站、农村文化礼堂、社区文化家园、文化创意园，以及"都市15分钟文化圈""农村30分钟文化圈"的形成，有效保证了公共文化服务的供给。城市的文化氛围日益浓厚，群众的文化创作到达一个全新的阶段。

经过"百姓舞台"近十年的培育，民间文艺团队的策划能力、组织能力明显提升，在这些经验积累到一定程度之后，便激发出自发创作的热情。从"送文化"时期的被动接受到"百姓舞台"时期的主动展示，再到自主创编，这是一个一脉相承的发展路径，群众的文艺创作热情得以全面提升。截至2018年年底，全市有乡村艺术团400多支，其他民间文艺团队、文艺工作室上千个。这为孵化中心的建设提供了人力上的可能。在上述背景下，乐清市文化馆启动文艺创编孵化中心建设。

二、主要做法

（一）社会资源整合化

目前，乐清市的各类文艺创作小众团体在500支以上，他们人数多的有上百人，少的有三五人，包括以井树文创园、音乐之城CCD等为代表的一批文创基地，以三禾读书社、桃源书屋、白鹭书院等为代表的一批民间组织，以核桃树音乐、天音琴行等为代表的一批工作室，以润墨书法、蕾丝舞蹈、柳阳河画室、时空摄影等为代表的一批艺术培训机构。为盘活社会资源，吸引艺术培训机构参与公共文化服务，推动乐清市公共文化事业整体发展，2019年7月，乐清市文化馆牵头组建了乐清市社会艺术培训机构公益大联盟。来自全市各镇街的63家机构加盟，这些机构由乐清市文化馆统一管理，他们不仅有效延伸了公共文化的服务触角，同时也可以通过加盟，有组织地参与大型题材的创作活动，乐清市文化馆也搭建了一系列的展示平台，2019年针对公益大联盟策划了"视觉艺术大赛"并出版画册，还举办了跨年晚会，让一批机构的原创作品得以展示。

（二）创作活动常态化

为盘活民间创作资源，形成创作活动常态化机制，从2016年开始，乐清市文化馆推出乐清市群众声乐大赛、乐清市群众舞蹈大赛、乐清市视觉艺术大赛，激发了大家的创作热情。同时，成立了一批以乐清市音乐创作委员、手机摄影协会等为代表的以二级协会，这些协会是乐清市文艺创作生生不息的力量。乐清市文化馆有计划地组织开展主题创作，2017年，组织千名文艺工作者参与"五水共治"活动，围绕"五水共治"主题创作了一批优秀的文艺作品；2018年，围绕"大拆大整"组织视觉艺术工作者开展主题创作活动。此外，还就"行走乐琯运河""状元故里""改革开放四十周年""建国七十周年"等主题开展大规模的创作活动。结合省、市的创作比赛，乐清市文化馆推出有偿征稿的方式激励群众创作，文艺创作活动的常态化激发了乐清市文艺创作群体巨大的创作热情。

（三）文艺成果奖励制度化

激励专业团队开展精品创作，逐年深化文艺精品奖励办法，国家级奖项的奖金高达10万元。文艺精品的扶持范围：长篇文学作品；大戏（含大型歌舞剧)、话剧;电影、电视剧;电视文艺纪录片、动漫剧、广播剧;大型音乐、舞蹈、美术作品;文艺类学术专著等社会影响较大、投入成本较高的文艺作品。扶持资金分为创作、生产、推广三个阶段,分批拨付给主创单位和个人,扶持周期一般不超过两年。

三、创新亮点

（一）人才培养机制体系化

乐清市文艺创编孵化中心是在深入贯彻《习近平总书记文艺座谈会上的讲话》精神的基础上提出构想并逐步发展起来,此后,逐渐形成领军人才、优秀人才、创编爱好者三级创编人才培养机制。针对领军人才,2016年,乐清市开办首届文艺领军人才培训班;从2017年开始,与全国各大院校合作办班,选送领军人才参加集训;下一步计划成立领军人才工作室,通过与全国知名专家合作办班等形式,对领军人才进行再提升。针对优秀人才,采取发现和培养两个步骤,通过各类比赛发现人才,进而培养人才,充实创编人才库的中坚力量,下一步计划推出学分制,让优秀人才每年都有机会接受领军人才的一对一辅导。针对创编爱好者,采用广撒网的方式,通过箫台艺苑公益培训、文化驿站、文化展厅、文艺期刊、微展台等平台,把文艺爱好者培养成文艺创编者,保证创编人才库的基数。此外,主动成立各类创编沙龙,2018年成立了乐清市音乐创作协会;2019年乐清市实现乡镇街道文联全覆盖。

（二）创新文艺创编作品平台

孵化中心的意义在于把文艺创编工作体系化,目前已形成基本的创作生态链:通过百姓舞台、文化展厅、文艺期刊等初级平台进行展示;通过群众舞蹈大赛、群众声乐大赛、群众视觉艺术大赛等本土文艺大赛进行二度加工;通过向上推送优秀文艺作品,引进高层次文艺交流活动,促使本土文化艺术品位再提高。在孵化中心的推动下,文艺创作研讨会、文艺作品加工会、原创作品分享会等的举办常态化。邀请名家走进乐清市,邀请高等院校师生作品走进乐清市，引进走亲展，通过不断的交流，在全市形成文艺创作有方向、有氛围、有任务的格局，形成有数量、有质量的体系，推动文艺创作整体繁荣。

（三）丰富文艺创作奖励办法

从2017年开始，乐清市改变以往文艺比赛只发证书不发奖金的方式，扩大以奖代补的范围，从本土比赛开始设置奖励制度；鼓励民间文艺团体开展文艺创作，从2016年开始，开展民间文艺团队星级评比活动，提高文艺创作在评比中的分值，将创作数量作为加分的重要依据；除了奖金层面的奖励，还通过举办个展、个人专场、主题分享会等方式进行特别奖励以及延伸宣传。

四、主要成效

基层文化创编孵化中心，通过开展名师帮带工作，完善作品加工机制，

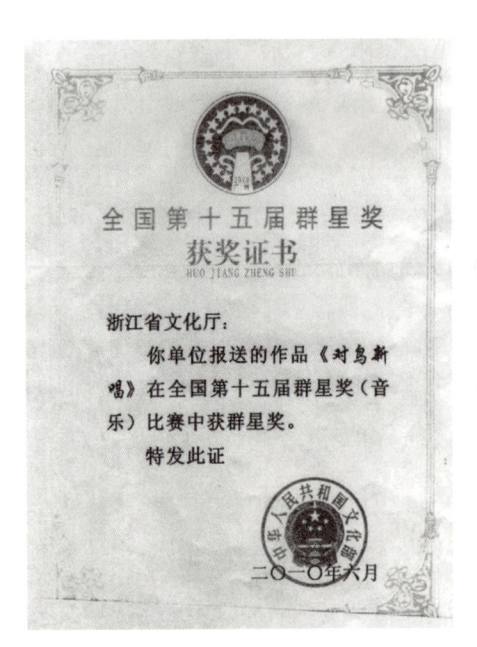

乐清的音乐作品和舞蹈作品连续两届荣获文化部"群星奖"

丰富作品推广媒介，使文艺创编者有方向、有信心、有"娘家"，在全市形成了良好的文艺创作环境。文艺创编人才库初具规模，有了人才库，乐清市在举办各类活动的时候，就可以根据需要找人找作品，使供需更高效对接，为发挥文艺人才的才能提供途径，使人才利用和人才培育更加科学化。创编工作有组织，创作方向有引导，创作作品有展示平台，乐清市的文艺创作呈现出一种有序的格局。

（乐清市文化馆）

创编人才培养机制：

优秀人才——开展人才培训班

创编爱好者——公益培训培养

领军人才——与全国各大院校合作办班

文艺创编平台打磨：

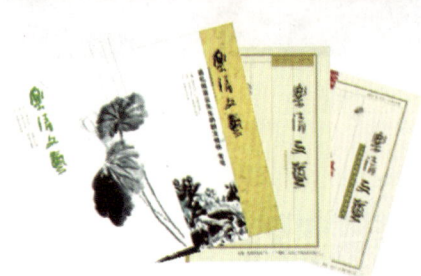

展览、舞台、期刊等平台展示

第四章 | 全民艺术普及与优秀传统文化传承

本土文艺大赛、研讨会进行二度加工

编织"渔乡艺网",服务海岛渔民:
洞头区推动"渔文化"全民技艺普及工程

一、项目背景

洞头区是我国14个海岛区(县)之一,是温州唯一的海岛区,拥有大小岛屿302个。该区区域总面积2862平方千米,其中陆地面积153.3平方千米,现辖7个街道乡镇,户籍人口15.31万人。洞头区"渔民画"根植于渔村生活,内容丰富,绘画手法独特,在美术领域独树一帜,它源于中华传统文化,并在海岛洞头区得以发展壮大,成为洞头区最为重要、最有影响力之一的海岛特色文化品牌。如何擦亮这一文化品牌,推进洞头区渔民画进一步普及、提升,以丰富海岛公共文化服务内容,成了洞头区文化工作者的重要课题。

二、主要做法

(一)抓投入,渔民画技艺普及有新保障

设立渔民画技艺普及专项资金,将其列入年度财政预算,为渔民画技艺普及派驻员颁发聘书,根据派驻员级别设立薪酬标准,实行按课时支付薪酬制,激发渔民画普及队伍积极性,确保普及活动正常开展。建成文化馆、上新社区等渔民画创作培训基地,定期组织渔民画爱好者和骨干开展创作及培训活动,确保活动实效。

(二)抓培训,渔民画创作队伍有新气象

由区文化馆牵头,通过举办渔民画骨干培训班、座谈会、研讨会等形

第四章 | 全民艺术普及与优秀传统文化传承

渔民画技艺普及课堂

式,集中培训绘画技艺传授方法方式,不断提升渔民画骨干队伍语言表达能力和沟通能力,陈钦煅、吴秀云、罗纯香、叶爱珠等12名老渔民画作者已成为洞头区普及"渔文化"农村技艺的中坚力量。同时,结合公益培训、网格化点单等文化服务,组织渔民画老作者到大长坑村文化礼堂、海湾三

2019年洞头区"渔文化"农村技艺普及新模式开班仪式

197

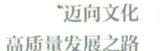

区文化礼堂等社区、村居、文化礼堂开展渔文化技艺普及活动。2019年，洞头区文化馆共组织培训辅导600余人次，发展培养渔民画创作者80多人，壮大了渔民画创作队伍。

（三）抓评估，渔民画技艺创作有新成效

洞头区制定、出台《洞头区"渔文化"农村技艺评估办法》，每年组织比一比、拼一拼活动，鼓励渔民画创作者结合海岛地域特色、社会经济文化、时代发展主题积极创作特色鲜明、个性独特、具有浓厚海岛色彩的渔民画作品，评选出一批优秀渔民画技艺普派驻员及渔民画作品，给予相应的奖励，并选送参加国家、省、市等展览展示比赛活动。其中，林彬的《满载而归》、叶爱珠的《一带一路领航船》、詹海萍的《滩涂运动会》和张孚千的《双肩挑出致富路》等5幅渔民画作品，入选"壮丽70年·阔步新时代"全国渔民画创作展，陈钦煅的《富裕之路》获银奖，洞头区文化馆荣获优秀组织奖，3位作者获学术奖（最高奖）；叶爱珠的《生态放流》入选2019南京六合·全国渔民画作品展；许爱花的《彩虹桥下群鱼欢》等12幅作品入选2019浙江省现代民间绘画（渔民画）邀请展。

"渔民画"登上表演舞台

（四）抓融合，渔民画技艺推广有新拓展

结合美丽乡村建设及海岛乡村振兴工作，将渔民画元素融入其中，打造东岙村等"渔民画彩绘村"；携手温州市洞头区嘉媛文化旅游发展有限公司等文创企业开发丝巾、茶杯、背包等 10 余种渔民画特色旅游伴手礼，并入选洞头十大特色旅游商品；结合民宿建设，在白迭汐语民宿村设立渔民画展示基地，开发渔民画材料包，开展浸入式体验活动，丰富游客休闲娱乐内容。

三、创新亮点

（一）做足洞头区"海"字文章

洞头区具有丰富的海洋文化资源，渔民画就是其中一项重要内容，渔民画根植于海岛群众生产生活，具有广泛的群众基础和鲜明的地域特色，普及渔民画技艺对推动洞头区海洋文化建设具有重要意义。

（二）确立海岛群众主体地位

让渔民担任文化派驻员，让渔民教渔民，降低公益培训门槛，创新文化服务的形式，也让广大渔民文化爱好者真正参与到海岛公共文化活动中，成为海岛公共文化的话语者、传播者、引领者，在推动"渔文化"普及的同时，破解公共文化均等化的难题，渔民画创作已成为海岛群众参加公共文化活动最重要的载体。

（三）促进公共文化与旅游融合

普及"渔文化"农村技艺，让海岛渔民画走进海岛渔村，深入海岛渔民，让广大渔民掌握这一技艺。这不仅仅丰富了海岛渔民的精神文化生活，还通过开发旅游伴手礼等文创产品将渔民画转化为旅游产品，提高了海岛渔民的收入，使渔民得到真正的实惠，也让海岛渔民画成为一道靓丽的风景线，成为海岛旅游一个重要的亮点。

四、取得成效

近年来,洞头区开展"渔文化"农村技艺普及活动,培训海岛渔民画创作者,目前已形成一大批带有洞头区地域特点的渔民画作者,创作了近千幅渔民画作品,并在全国、省、市级各类专业性比赛和展览中斩金夺银,共获得金奖 11 个、银奖 15 个、铜奖 12 个、学术奖 3 个、优秀奖 51 个、入选资格 115 个,美誉度和影响力日益提升,洞头区成为继舟山之后的中国渔民画之乡。"渔文化"农村技艺普及成为海岛群众积极参与洞头区公共文化建设的重要载体,推动了海岛公共文化服务体系建设,对海岛乡村振兴发挥了重要作用。

(洞头区文化馆)

龙湾区打造"古堡"城市文化客厅

一、项目背景

龙湾区是温州市的"东大门",是浙南闽北的海陆空立体交通枢纽,地理位置优越,近年来龙湾区全力打造温州市东部综合交通枢纽。龙湾区山海相嵌,文脉深远,拥有丰富的自然与人文旅游资源。为充分发挥区位交通优势,深入开发地方文化旅游资源,龙湾区策划推出"古堡·城市文化客厅"项目,该项目位于龙湾区永中街道新城村永昌堡。永昌堡为明城堡,始建于1558年(明嘉靖三十七年),现为全国重点文物保护单位、国家AAA级旅游景区、省爱国主义教育基地、省国防教育基地、省科普教育基地。永昌堡建筑雄伟壮观,当地学风浓厚,百年来人才辈出,堡内名人英雄事迹多有流传,曾有明、清两代列进士者13名,武状元1名,传胪1名,副榜4名,举人30名,胶庠900名;近、现代又出教育学家王景甫、王晓梅,电机工程学专家王国松,戏曲学家王季思,书画家王兆骥、王毅、王珠润、王昕、王斌、王新宇等名人。永昌堡建立了多种公共文化服务阵地,包括永昌堡文化驿站、永昌堡百姓书屋、永昌堡博物馆、文化礼堂、非遗体验基地等现代公共文化设施,并有效整合了龙湾独具特色的古堡文化、名人文化、民俗文化、书法文化等品牌资源,能满足市民游客多样化的文化和旅游需求。"古堡·城市文化客厅"项目的探索与开发,在文化资源与旅游项目的嫁接、推行文旅相容式服务、打造地方景区的民间特色、营造地方文化环境、探索基层文旅融合等方面开展了有益尝试。

二、主要做法

"文化龙湾"项目统领系列特色品牌群,项目紧扣"城市文化客厅"概念,以永昌堡上仓1号建筑为核心,以周边羽毛艺术馆、非遗传承基地、文化驿站、百年广进祥展厅等文化设施为外延,连点成片,有机融合古堡文化、名人文化、民俗文化、书法文化等龙湾区文化品牌,引入展览、培训、沙龙、分享会等活动形式,为市民游客全方位、多角度地呈现和分享地方文化,使游客在景区看得见文化、摸得着成果,从而打造新理念、高品位、现代化,并且可休憩、可交谈、可游赏、可互动的龙湾区特色"古堡"城市文化客厅。本项目已入围温州市公共文化服务创新项目。

(一)传统与现代结合,创新公共文化服务内容与方式

"文化龙湾"项目的地址位于永昌堡上仓巷1号,拟融入当代艺术发展空间元素,打造城市客厅、艺术展厅、乡村艺术空间、艺术家创作工作室,使周边成为艺术家群落,让游客和附近居民可以体验多元化公共文化服务,

永昌堡1

永昌堡 2

构建龙湾特色的文化旅游产品体系。

（二）"文化驿站＋展厅＋艺术沙龙"，拓展公共文化服务平台

永昌堡"古堡"城市文化客厅内的永昌堡文化驿站作为温州市第一批文化驿站，主要以书画展示、培训、交流、分享为主题。不定期地举办各类艺术沙龙和巡展活动，比如"瓯江印社"的永昌雅集巡展和"春满古堡"赠春联活动等，是龙湾区公共文化服务的扩展平台，更是"古堡"中时尚、体验、互动、休闲的文化空间。在这里，游客与居民丰富和多元化的文化

生活需求得到满足，它已成为市民分享文化艺术的新生活方式。

（三）打造非遗体验基地，促进文化和旅游元素融合

永昌堡羽毛艺术馆的活动以展示传统羽毛工艺及观众体验羽毛书法为主，同时不定期举办中小学观摩活动，让孩子们接触到书本以外的知识。通过孩子们亲身体验和讲解员的生动讲解，孩子们了解了他们不曾经历过的生活年代，拓展了知识面。龙湾瓷画创作中心更是被打造成龙湾陶瓷文化和龙湾伴手礼制作中心。非遗展示基地采取"非遗项目＋传承人"的模式，游客可直接体验非遗产品的制作，领略多姿多彩的非遗文化，感受龙湾深厚的历史沉淀，享受非遗带来的无穷魅力和乐趣，深切领悟保护和发扬非遗文化的重要性。非遗体验基地的开办，让游客不仅仅知晓传统文化，更让游客明白保护文化遗产和民俗文化需要全体社会成员共同参与，从而形成了保护文化遗产和民俗文化的良好氛围。

（四）"古堡书房＋古堡书院＋艺术空间"，提升资源整合和空间服务效能

龙湾区采用图书馆与社区、景区管理单位多方合作、盘活旅游闲置资

永昌堡羽毛艺术馆

第四章 | 全民艺术普及与优秀传统文化传承

永昌堡非遗课堂

205

源的创新模式，让"文化进景区，文化托景区"。通过全区书籍集中统一调配，实现了图书资料最大限度的流通、更新，提升了阅读公共文化服务效能，为游客提供崭新的知识共享、信息交流、互动阅读的人文空间。在为游客提供阅读场所的基础上，还可以举办各类文化活动，让游客享受多元化的公共文化服务体验。

古堡会客厅

（五）艺术社团抱团发展，激发群众文化新活力

龙湾区的艺术社团包括龙湾壁画传承基地、龙湾瓷画创作中心、罗峰艺社、龙影社、章草书会、原创连环画社、外来书画家联盟、龙湾山水画社等。抱团发展不仅节约社会资源，避免冷场，更让参与者收获更多的文化知识。同期举办的"古堡摄影大赛""王珠润绘画作品展"和"融斋公益书法展"，均出现参与人数爆满的现象，社会反响不错，下一步龙湾区将继

"王珠润绘画作品展"和"融斋公益书法展"

第四章 | 全民艺术普及与优秀传统文化传承

"王珠润绘画作品展"和"融斋公益书法展"（续）

续扩大抱团发展的艺术社团范围，扩大影响力，让更多的游客参与进来。

三、创新亮点

一是提升文化软实力。大力整合古堡文化、名人文化、民俗文化、书法文化等品牌资源进入旅游景区，努力发展艺术馆、非遗传承基地、文化驿站等，在景区内采取"菜单式"统筹安排，定期开展公共文化展示展演活动，加强景区文化活动氛围。

二是扩大文化影响力。推动旅游景区申报文化遗产地，积极鼓励旅游景区整体或者单体申报各级文物保护单位、历史文化名村（镇），发展地域特色非物质文化遗产并融入旅游景区，提供非遗文化活态展示、非遗文化研学等体验性文化旅游产品，打造具有浓郁地方特色、深厚文化底蕴的特色旅游吸引物，为到访旅游者提供"文化大餐"。

三是挖掘文化生产力。开发文化旅游演艺和文化节庆产品，研发旅游景区动漫产品及剧目，设计创作旅游景区文创产品，鼓励发展景区创作，把文化旅游演艺、文化动漫、文化创意、创作等文化业态植入旅游景区，打造具有丰富文化业态的旅游景区。

四是积极探索公共文化服务体系建设，宣传"龙湾模式"。将旅游景区服务和管理人员服装服饰、礼节礼仪、待客之道等积极融入龙湾地域特色文化，打造具有龙湾文化特色的旅游景区服务模式，塑造龙湾旅游景区服务和管理文化品牌与形象。

四、取得成效

"古堡"城市文化客厅是龙湾区文化和广电旅游体育局在探索基层文旅融合时推出的一项全民技艺参与普及行动，它的运行实施突破了文化阵地服务和旅游阵地的各自局限性，让公共文化服务和旅游真正融合起来，让游客在景区游玩时也能随时享受到贴心便捷的文化服务，让游客在感官和心灵上都走出家门，到更远的地方，实现诗和远方的真正融合。

（龙湾区文化和广电旅游体育局）

"非遗创艺坊"：
温州非遗传统技艺体验基地建设创新实践

一、项目背景

为了更好地探索公共文化服务发展模式，创新非遗公共服务项目的传播方式，2017年9月，鹿城区文化和广电旅游体育局联合和乐社工服务中心首推"非遗造物坊"项目，以搭建40个社区、10个企业、2个学校"活态"非遗特色平台为目标，邀请非遗项目传承人对非遗项目的实操技巧进行适当简化，形成标准化课程，传授给文化志愿者，再由志愿者深入社区普及"授课"，让参与者在自己动手做物件的过程中加深对非遗的了解。2018年，"非遗造物坊"项目正式更名"非遗创艺坊"，并被列入鹿城区2018年"为民办实事"项目之一。

二、主要做法

（一）依据问题导向法则，解决项目开发难题

鹿城区文化和广电旅游体育局通过志愿者团队（和乐社工服务中心）对非遗项目进行再设计，从项目的制作时间、涉及的材料内容、一个项目的材料包成本等诸多方面进行攻克，研制推出了10个非遗项目的材料包，内容涉及温州米塑、乐清细纹刻纸、丽岙花灯、仙岩钩花、草编技艺、温州叶同仁中药老字号、温州剪纸、十字花边绣、温州缝合皮鞋制作技艺、仙岩瓦当花檐制作技艺等，材料包的流水化生产解决了非遗项目传播的难

迈向文化
高质量发展之路 ▍温州市公共文化服务创新案例汇编

温州叶同仁医药博物馆非遗体验基地

题。这些材料包的制作完成时间被严格控制在半个小时到 90 分钟，旨在保证体验者在规定时间内完成体验且带回作品，大大提升了非遗技艺、项目的传播速度。

（二）引入市场营销模式，采取"饥饿式"报名

"非遗创艺坊"根据市场供需法则，进行活动限额报名，每个街道、社区需要通过抢报名的方式参与到活动项目中。项目组对每个街道、社区的参与人员名额做了限制，不仅大大降低了基层街道、社区的行政成本，将原来一群人组织、策划、动员变为仅需派 1~2 名人员参与学习项目，更是有目的地将对文化工作有热情的人筛选出来，参与活动项目。

（三）集体备课会，"学""教"结合

"非遗创艺坊"的最大亮点便是推出"集体备课会"，将原来"下命令""下任务"到街道、社区开展活动的方式转变成"学""教"结合的方式。通过限额报名参与"集体备课会"活动的各街道社区文化骨干或志愿

者，需要在一期里完成 10 节课程内容，教学的内容不仅仅有具体的非遗工艺，还有材料包的使用、非遗项目的简介、针对不同学习对象的具体授课方式等，通过每节课手把手的"教"和亲自动手体验的"学"，这些备课学员将带着学习课件、材料包和学习技巧，投身各个社区"教"。参与者不仅仅体验了一种非遗项目，提升了自身技艺，更是在身份上发生了转变，由"学习者"转变为"教学者"，体验式的互动参与方式让活动真正"活"了起来。

（四）基层活动开展，及时对接群众反馈需求

每个社区在开展活动后，需将活动开展的情况，如活动时间、地点、人次、活动图片、信息等进行反馈，工作人员会及时对接活动过程中出现的问题，做好项目的后勤保障、统计汇总和宣传工作。社区在就近的文化设施点就能开展活动，利用学习课件、材料包，按照"集体备课会"的内容进行教学，做到"标准化课件、标准化材料、标准化教学"。基层活动的反馈异常火爆，非遗手工的活动内容深受基层群众的喜爱，而且更多的是对非遗技艺的惊叹，这些陌生的非遗技艺和我们过往的生活是如此息息相关。

鹿城区"非遗创艺坊"

（五）设立考核机制，储备"文化志愿者"力量

发展储备"文化志愿者"力量，对志愿者实行水平分级，便于不同人群的志愿者管理，如对应水平和经验的不同，将其分成"初级"和"中级"两个级别，并同时开展对文化志愿者专业技能、服务理念、奉献精神等方面的系统培训。同时，探索建立考核机制、"考证"机制，建立鹿城区非遗志愿者专项水平认证（初级、中级）考评体系，让非遗技艺传承志愿者"持证上岗"，通过分级机制和奖惩机制的设置，不断激励志愿者们，使整个团队规范化发展。

三、取得成效

截至 2019 年年底，"非遗创艺坊"开设了非遗米塑、剪纸、印染等 10 门非遗项目课程，成功搭建了 46 个社区、10 家企业、2 个学校的"活态"非遗特色体验平台，举办非遗创艺坊活动 650 场次，受益人群达 25000 余人次，并由此培育了一批非遗志愿者队伍，为非遗传承基地的设立打下了良好的群众基础。

（一）文化阵地效能大大提升

原来一个社区文化中心真正意义上开展的文化专项活动，一年中只有个位数，更多的活动是与社区法制工作、卫生计生宣传、安全防治等工作结合，室内的文化设施资源闲置或占用的现象非常普遍。"非遗创艺坊"的活动模式，使参与集体备课会的学员将课程内容带到各个社区，有的在社区文化中心，有的在文化礼堂，充分利用各个公益文化阵地来打造"非遗创艺坊"，以往闲置的文化阵地成为热闹的教室，为基层文化阵地建立了可持续开展的活动，场地的利用率大大提升，文化阵地效能慢慢凸显。人民群众在追求文化生活的时候，不再是"活动找人"，而是"人寻阵地"，各个文化设施点成为人民群众开展文化活动的据点，创新的活动内容和方式在基层群众中赢得了不错的口碑。

（二）文化志愿者团队逐步发展壮大

在整个活动的开展过程中，有一支力量显得尤为重要，这便是"志愿者"，从前期材料包的研发制作，到参与非遗项目的讲演，再到具体活动项目的体验，最后成为各个项目的传播者，参与活动的人的身份都在发生着变化。这些志愿者们有的怀着对文化工作的热情，积极参与，以实现自己的个人价值；有的反哺整个活动，甚至成为社区工作的主力军。围绕着"非遗创艺坊"培育打造的这一批志愿者，无论是集体备课会的老师还是上课的学生，甚至是贯穿全过程的行政参与人员，都对志愿者的角色产生强烈的认同感，志愿者的服务模式让整个活动和团队产生内生动力，多互动、多协同的方式让志愿者在志愿服务过程中体验助人与自助，实现情感的双向沟通。

省文化和旅游厅非遗处副处长叶涛调研鹿城"非遗创艺坊"

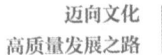

（三）服务模式的复制高利用

"非遗创艺坊"项目运行至今，给"公共文化如何服务群众"这个问题做了一个很好的注解，自 2017 年项目开展以来，鹿城区凡是各类文化节日庆典，各大社区基层都能够自发地、广泛地开展各类文化活动，这大大加强了全区的文化氛围。很多基层文化活动的开展，都借鉴、复制"非遗创艺坊"的思路甚至模式，这不仅对非遗文化内容进行了传播，更是把好的基层文化工作经验传达给了基层行政工作人员。

（鹿城区文化和广电旅游体育局）

打造公共博物馆"东方明珠"：
温州非国有博物馆群建设共创文博事业发展

一、项目背景

近年来，温州市瓯海区立足自身特点，加强对社会力量参与公共文化阵地建设的鼓励和引导，通过制度创新、政策引导、平台搭建，利用社会资金，推动了一批以水资源文化为主题的非国有博物馆在塘河沿线落地，摸索出了一条"政府支持、社会参与、市场运作、规范管理"的新路子。

（一）塘河沿线整治总体目标

温瑞塘河位于瓯江以南、飞云江以北的温瑞平原，水源主要来自瞿溪、雄溪、郭溪（通称三溪）以及大罗山和集云山的山涧溪流，流经瓯海区范围内的梧田、白象、丽岙，是瓯海区也是温州市境内重要的河道水系。近年来，温州市委市政府对塘河沿线的环境治理和项目建设高度重视，非国有博物馆的项目建设，高度符合塘河沿线环境整治、改善人居条件、保护文物古迹、打造文化塘河的目标。

（二）文旅资源发展基础深厚

温瑞塘河一直是温州市区连接郊县的水上交通运输"大动脉"，被誉为温州人的"母亲河"，温瑞塘河不仅见证了温州的城市变迁历史，也沉淀了温州人共同的乡愁和文化记忆。塘河串联了温州的榕亭文化、湿地文化、庙祠文化、龙舟文化、瓯柑文化等乡土文化。社会力量投入非国有博物馆的建设，弥补了公共财政在资金短缺、专业人员不足等方面的问题，为塘

迈向文化
高质量发展之路　｜　温州市公共文化服务创新案例汇编

瓯海区塘河非国有博物馆首馆开放仪式

河文化资源特色提供了展示阵地和交流窗口。

二、主要做法

（一）抓好规划引领

以有效挖掘和保护温瑞塘河（瓯海大道-南白象段）流域内的人文资源和地域文化为出发点，由瓯海区塘河工程建设中心、瓯海区文广旅体局共同牵头，拿出温瑞塘河的核心地块、黄金地段，对塘河沿线进行合理谋划，在沿河东侧确定了7处民办博物馆用地，将7处民办博物馆串联、镶嵌在塘河这条玉带上，同塘河边的骑楼、埠头、古桥梁互相辉映，成为集中反映塘河文化资源特色的展示阵地和交流窗口。历经多年，确定了7处博物馆不同的陈列主题，对各招建展馆陈列布展方案提供技术指导。"民办政补、民藏政扶"的非国有博物馆办馆模式，是瓯海区文化体制改革的创新尝试，也是社会力量参与公共文化场馆建设的积极探索。它形成了"多方共赢"的集群效应，不仅提高了博物馆的人气，让更多人可以共享文旅

青灯石刻艺术馆

青灯石刻艺术馆内景1

资源，而且促进了塘河沿岸商圈、生态旅游业、房地产业发展，政府由此获得的经济效益可以用来支持民办博物馆发展。

（二）加大扶持力度

2014年8月，通过与省、市博物馆、历史文化遗产研究方面的专家以及社会收藏人士有效沟通，瓯海区制定并出台《温瑞塘河（瓯海大道－南白象段）沿河民办博物馆建设方案》（温瓯政办发〔2014〕99号），对民办博物馆建设过程中的土地、资金、税收等方面出台一系列优惠政策，如政府向民办博物馆提供免费建设用地；对符合要求的民办博物馆按陈列展览面积一次性给予最高100万元经费补贴等。

（三）调动各方参与

瓯海区通过媒体向全国"公开招建"7个专题民办博物馆，一期推出时即有10多位拥有一定收藏背景的民间收藏家和文化企业参与了申报。经近一年的实地调研走访、藏品鉴定、专家论证等，最终筛选出温州石刻造像艺术馆、塘河篆刻文化艺术馆两家具有服务公共文化热情、建馆实力和办馆能力的文化企业（个人）率先试点建设。此后的二期、三期也吸引了众多个人、企业的申报。

青灯石刻艺术馆内景2

三、创新亮点

（一）民建民营模式率先开花

民建民营模式即企业自主投资创办、自主运营。其基础是企业家、收藏家拥有雄厚的经济实力和丰富的藏品。自《博物馆条例》颁布实施后，温州市经浙江省文物局备案的第一家登记注册的民办博物馆温州市维日康树贤艺术博物馆于 2016 年 9 月向全社会开放。举办单位为温州市一家生物科技有限公司，作为国家级高新技术企业，其以履行社会责任为己任，热心公益事业，建成占地面积 4000 余平方米，共设立剪纸馆、铜权馆、书法馆、国画馆、创业馆、版画馆、无人飞机馆七个专题馆的民办博物馆，并以铜权系列藏品为代表。此种模式的特点是文化场馆的日常运行经费主要依托企业支撑，企业投资的主要目的是借助文化阵地来扩大自身的影响力，拓展企业多元发展。

（二）民办政扶模式初见成效

民办政扶模式即民间力量出资建设展馆，政府出台政策扶持。其基础是政府在奖励或土地使用等方面出台优惠政策，帮助收藏家、艺术家建馆，主要代表是温瑞塘河沿岸博物馆群建设项目。2014 年 8 月，瓯海区制定并出台《温瑞塘河（瓯海大道 – 南白象段）沿河民办博物馆建设方案》，经过两年多的探索，成功引入温州石刻造像博物馆等几家具有服务公共文化热情和建馆实力的投建单位率先试点建设，其中温州石刻造像博物馆已经于 2019 年 9 月对外开放。项目以民办政扶、民营政管、民享政补等形式，通过对以民办博物馆为代表的公共文化场馆建设给予全方位的优惠政策，达到"筑巢引凤"的目的。

四、取得成效

2015 年 7 月底，塘河沿线非国有博物馆一期工程完成项目立项、土地政策处理、项目社会招商、建设协议签订等工作；2017 年 7 月，二期建设协议签订；2019 年 6 月 5 日，三期的 2 号珐琅彩艺术博物馆、5 号"园"艺术馆、6 号博山艺术美术馆、7 号东经纸品艺术博物馆集中开工；2019 年 9 月 28 日，青灯石刻艺术博物馆试开馆。

瓯海区结合实际，综合布局水运文化、农耕文化、河居文化，在塘河沿岸提升改造工程项目中，利用社会资金建设了一批以水资源文化为主题的非国有博物馆，探索了文化遗产保护利用新途径，实现了文化阵地与建设项目相融合，发挥了文化部门职能，提升了文化服务效能，发挥文化引领作用，形成了具有一定辐射作用的区域文化影响力。

（瓯海区文化和广电旅游体育局）

职工文化艺术节：文化服务民企，助力"两区"建设

近年来，温州市各级工会都十分重视职工思想文化工作，大力推进基层开展职工文体活动。从2013年开始，温州市总工会创立了职工文艺秀的品牌，把舞台直接搭到工业园区、企业车间，方便职工参与，为基层职工提供了一个自我展示和成长的舞台。从2018年开始，温州市总工会还确定了职工运动会和文化艺术节隔年交替举办的运行模式，大力推进基层职工文体活动蓬勃开展，展现出温州市职工朝气蓬勃、健康向上的精神风貌。

一、创新推出温州市首届职工文化艺术节

2019年4月21日上午，"祖国好·劳动美"温州市首届职工文化艺术节开幕式在市工人文化宫举行。当下，"民营经济看温州"，如何在新形势下推进民营企业高质量发展，是时代赋予温州市总工会的新使命。温州市总工会紧紧围绕全市中心大局，在上半年启动了温州工会服务民企"520"专项行动，市、县两级工会共安排2000万元资金，推出五大行动，落实20条助企惠企举措。其中，文化服务民企成为助力"两区"建设、助推民企高质量发展的重要内容。本次职工文化艺术节持续8个月，十大门类、百场活动，千场培训，惠及万企职工，旨在凝聚职工思想，服务民营企业，助推温州发展。广大职工参与其中、乐在其中、享受其中，讴歌劳动精神，展现职工风采。本次职工文化艺术节于4月22日，以"我和我的祖国"为主题，以快闪节目的形式盛大开幕，受到省总工会、市委宣传部领导一致

好评。同年9月26日，温州市庆祝新中国成立70周年万人歌咏会在市奥体中心体育馆激情唱响。在温州市首届职工文化艺术节的闭幕式上，温州市各级工会陆续发动、组织职工参与红歌传唱，并组织了3000多名职工参与当晚的现场演出。陈伟俊、葛益平、陈作荣、陈浩等市四套班子领导出席了本次歌咏会。歌咏会现场，还邀请了老干部、劳动模范、道德模范、"最美温州人""温州好人""最美退役军人"科研工作者、企业家、侨胞等代表参加。

温州市首届职工文化艺术节

二、创新开展文化订制送服务

通过调研、走访企业，线上线下发放职工问卷等各种途径，以职工需求为导向，温州市创新开展文化订制服务，送文化下基层381场次，惠及职工5万余人。戏曲、器乐展演，为广大职工提供了展示的平台，使广大职工充分领略戏曲之美，促进了艺术交流；市、县两级安排30余名文艺名家走基层、走企业，让最优秀的人才与作品走进园区、走进车间、走进广大职工。连续举办七届、每年集中两个月12场次的"瓯江夏夜"品牌文艺活动，涌现了一大批草根明星，成了职工文艺佳作的"大观园"，极大促进了职工的参与率和覆盖率，让文化助企具备了广泛的群众基础。

三、各项赛事多点开花

温州市举办首次大数据创新应用大赛。全市各基层工会、国有集团、产业系统等50支代表队报名参赛，在全市范围营造了创业创新氛围。指导鹿城承办全省职工象棋大赛，与体育局共同举办职工龙舟赛，在全市职工队伍中选拔、组队参加省职工篮球、气排球、工间操、排舞等各类赛事。同时，温州市首届职工文化艺术节各类文艺赛事也如期开展：职工排舞，群星荟萃；影视歌曲大赛，温州好声音响彻瓯越大地；诗词吟诵道出了职工好才情；讲故事比赛诉说着温州好故事；拍客大赛拍出了职工好风采；笔墨献礼新中国，线条勾勒新温州，职工书画展现新风貌，行云流水间，美好生活跃然纸上。竞技舞台达人云集，场场赛事星光闪闪，将群众文化的艺术性体现得淋漓尽致，有力地推动了文化大市的创建。

（温州市总工会）

温州市妇女儿童活动中心未成年人社会实践课堂

一、项目背景

温州市妇女儿童活动中心是妇联组织开展社会教育文化活动、服务妇女儿童和家庭的重要平台,是加强未成年人思想道德建设、培育和践行社会主义核心价值观的重要阵地,是提高未成年人综合素质、开展社会实践的重要课堂。

中心自2016年3月开放以来,注重组织丰富多彩的兴趣爱好者公益社团活动,引导妇女、儿童参加社会实践,培养其创新精神和实践能力,发掘特长和潜能,促进个性健全发展。2017年6月,温州市妇女儿童活动中心联合温州电视台《男孩女孩》栏目共同组建公益性少年儿童记者社团——"全媒体小记者中心",建设一支具备拍摄、采访、撰稿、配音、剪辑能力的少年儿童记者队伍,现聘有130名小记者。该社团组建以来,小记者们用手中的纸笔、镜头记录自己的学习生活和社会体验,学习用新闻工作者的视角去观察、记录、体会新闻事件,发表新闻观点,并通过报社、电视媒体、视频网站、微信、微博等媒体平台全方位展示新闻作品,锻炼提升自身综合素质,成为新时代文明践行的一部分。

二、主要做法

在建设"全媒体小记者中心"过程中,我们注重全市未成年人核心素养和综合素质的提升,通过多元多彩多样化开展小记者综合实践活动,传播社会正能量。

（一）建立多元课程体系

始终坚持"丰富、多样、精准"的导向，定期开展小记者基本素养和技能培训活动。开设道德教育、品性修养的入门课程，立足专业、提高素质的基础课程和拓宽阵地、自主发展的提升课程。借助社会媒体力量，温州电视台的名记者、名主持人、名编辑组成名师团辅导小记者。小记者们先后参加"小记者思想道德教育""调查采访的技巧""现场报道和人物采访""如何用手机编辑小视频""拍摄角度""如何采制通讯稿""声音课堂""配音技巧""语言表演""文明礼仪伴我行""个人电台制作"等知识讲座和实操训练，以树立良好的思想道德品质，打好扎实的文化和新闻业务基础。

（二）参与多彩活动体验

秉承着"今日小记者　明日大作为"的宗旨，用全新、全面的方式进一步开阔未成年人视野，满足他们新闻创作的愿望，温州市妇女儿童活动中心利用周末或节假日举行丰富多彩的活动，带给小记者们前所未有的实践体验，开展包括体验新闻宣传的人物采访、热点播报，传递温暖的盒子礼物公益行，关注时政的两区建设、民生报道，贴近生活的自然采风、创意手工，弘扬爱国主义的主题教育、研学之旅，关爱生命的知识宣讲、应急救护等逾百场社会实践活动，让每一位小记者在实践中发现和记录身边的真、善、美，推动少年儿童德智体美劳全面发展。

（三）展示多样化实践成果

打造集播报、采访、剪辑、配音等为一体的全媒体小记者中心演播室，让小记者们实景操练，零距离了解电视节目的制作过程及播出方式。为更直观化、多样化、持续化展示实践成果，活动中心积极整合网站、微信平台、电视台等媒体资源，在"浙江省少年宫""温州市妇女儿童活动中心"等官网及时展示采访视频、新闻报道、体验文章等优秀作品，在温州电视台《男孩女孩》栏目、《闲事婆和事佬》、中心主附楼 LED 视频屏不定期呈现孩子们亲手参与拍摄、编辑与报道的新闻作品等，激发了广大未成年人参与综合实践活动的积极性。

三、创新亮点

全媒体记者团组织开展各类实践采访活动，积极打造温州市未成年人社会实践的品牌，成为助力关心下一代、推进未成年人思想道德建设的重要抓手。小记者们先后参加温州市第三十届中小学生艺术节、温州市"世界急救日"主题活动、"继承优良传统 传递浙南烽火"主题活动、浙江省首届小记者节、"年味温州 非遗迎春展"主题活动、聚焦"两区建设"展望"两区未来"进民营企业活动、第十四届浙江省戏剧节、"探访郑振铎纪念馆 感悟匠心精神"系列名人故居研学、庆祝新中国成立 70 周年系列红色主题教育等逾 40 场大型主题活动；参加盒子礼物公益活动、"暖冬 我们共成长""返乡的礼物""不一样的课间操"等逾 10 场关爱留守流动儿童活动；参加"瓯越中医药，小小传承人""走进眼视光科普馆，当小小医生""哈鹿警官特训营""我是小主播"等逾 20 场职业体验；在《音乐剧对孩子的积极影响》分享会期间，采访演员王洛勇、歌手李琦，在教师节系列报道中采访了江锦萍、王怡璇等优秀教师代表，采访过妇代会代表柯建华、水旭娟、宋玲华及温州籍著名影视演员陶慧敏、台湾创客大师李大伟、温州籍著名舞蹈编导蔡丽雯等人；参加"参与探索国际人道法""探秘动物避暑的那些妙招""寻找植物的果实""棕情动物园"等逾 10 场探索求知活动，还有《非常 6+1》海选现场、"闪亮童星"大赛、"不一样的课间操"等各大赛事及采风近 15 场。

2020 年春节，面对突如其来的新型冠状病毒感染肺炎疫情，小记者们发布集结令，宅家自发录制加油武汉、加油温州、加油中国相关视频，照亮每一位逆行者的"战疫"之路！

四、取得成效

2018年5月，小记者们对第三十届中小学生艺术节进行全程、全面的专业报道，温州市教育局给全媒体小记者中心发来了感谢信，感谢小记者们克服困难、不辞辛苦，全身心投入各大赛事现场报道。11月，温州市全媒体小记者中心"盒子礼物"公益行活动获2018年度浙江省十佳小记者品牌活动的称号。在浙江省首届小记者节活动上，小记者代表表演原创诗朗诵《最美的绽放——致小记者》，小记者周奕朵作为全省小记者代表和领导共同按下活动启动按钮。

2019年6月，温州市全媒体小记者中心在中国少年儿童发展服务中心和中国青少年宫协会联合主办的"牵手未来·全国青少年宫系统小社团风采征集展示活动"中，被推荐为"特色小社团"。

（温州市妇女儿童活动中心，曾晓蓓）

第五章

文旅融合发展探索

【篇首语】

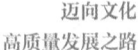

2018年3月，中共中央印发的《深化党和国家机构改革方案》提出，将原文化部、国家旅游局的职责整合，组建中华人民共和国文化和旅游部。2018年4月8日，中华人民共和国文化和旅游部正式挂牌。伴随着文化和旅游部的组建及正式挂牌，文化和旅游融合发展作为一项重要的机构改革任务和社会经济现象受到各方热切关注。

对文旅融合的关注可从理论与实践两大维度来洞察，总体来看，文旅融合的理论与实践协同发展、互相促进，但一方面，"诗和远方说""资源市场说"等理论学说广为流传，来自公共文化、旅游、经济、社会学等领域的专家学者就这一新兴的交叉研究领域给予了多视域、多层次的理论建构与解构，文旅融合研究领域呈现出跨学科、多学科和综合化发展态势，可以说，学者们以学术回应的方式参与解决社会发展热点问题，承担起通过知识生产讲述中国故事的使命与责任；另一方面，"智慧文旅""智能文旅""数字文旅"等解决方案不断涌现，来自文化、旅游、教育、体育等产业或部门的业界实践者不断进行跨界、整合和更新，文旅融合实践领域呈现出新模式、新业态和新动向发展态势，可以说实践者们以实践创新的方式表达了业界努力探索文化和旅游融合有效途径的决心和参与国家治理能力和治理现代化建设的站位担当。

在全国文旅融合的大军中,来自浙江的创新实践广受业界关注和推崇,并被誉为文旅融合"浙江现象",为全国其他地区提供了示范。其中,温州作为一座文脉深广、文气充沛的国家历史文化名城,丰富的文化遗存、深厚的文化底蕴和优秀的文化传统,为温州这座经济社会持续快速健康发展的城市提供了最根本的源动力和软实力。在改革开放的大潮中,温州始终高度重视文化建设和发展,先后作出了文化大市、文化强市、文化温州等一系列工作部署,近年来又提出了"诗画山水,温润之州"等文旅品牌战略,文旅融合在温州这片文化沃土上得到了一例例生动的诠释和呈现。其中:

在"泽雅镇综合文化站文旅融合新空间"优秀案例中,泽雅综合文化站将场景体验作为文旅融合的核心逻辑,通过将历史文化、民俗文化等集体文化记忆转化为场景、故事、体验项目等,使游客在进入"文化休闲空间"的同时"穿越到一个民俗印象基地",引发了游客强烈的文化共鸣。

在"读万卷书 行万里路:乐清市图书馆文旅融合服务"优秀案例中,乐清市图书馆充分利用当地文化亮点和其他各地的自然禀赋、人文优势,推出一批具有融合特色的文化线路活动,为文旅融合搭建了实施平台,在一定程度上为解决文旅融合的"流量"痛点提供了新思路,也扩大了文化旅游的二、三次消费。

在"寻根故里:文旅融创研学之旅"优秀案例中,温州市少年儿童图书馆联合专业机构专业团队,构建了独具特色的"传承工匠精神+'学与玩'教学+研学旅行"三位一体的研学游模式,通过将学生的所游、所学、所思相结合,让学生在"游中学,学中游",促进了书本知识、生活经验、家乡文化的深度融合。

在"非遗体验,让非遗成为旅游目的地"优秀案例中,温州市以非遗体验基地建设为载体,以文旅融合的视角探索非遗传播、传承的新方式与新方法,既让游客深度了解、体验、学习非遗文化,也让非遗真正"活"起来、流行起来。

在"平阳县水头镇'魅力茶乡'文旅融合助推乡村振兴"优秀案例中，平阳县水头镇在黄汤茶博园建设中深挖黄汤文化主题资源，以"文化＋旅游＋农业"的发展模式打造中国黄汤第一村，用文旅融合新模式打造了服务品牌、带动了经济发展、助力了乡村振兴。

在"'红都凤卧'旅游文化节品牌打造与推广"优秀案例中，平阳县凤卧镇传承红色基因、激活红色活力、盘活红色文化，通过打造和推广"红都凤卧"旅游文化节品牌等举措，推进红色文化与红色旅游的深度融合，既镌刻了独特而富有的红色文化符号，也赋予了红色旅游新的时代内涵。

在"苍南县'文化进景区'标准化建设试点"优秀案例中，苍南县开展了一系列公共文化、文化遗产、文化产业、文化元素、文化修养进景区活动，初步形成了"文物保护＋工业遗址＋节庆文化＋红色文化＋夜景文化＋旅游"的景区文旅融合新模式，以真正落地的文旅融合实践打造了一个对外界有强大吸引力、有较高知名度、能让人"慕名而来"的文旅融合精品景区。

在"山水舞台：让公共文化服务和百姓零距离"优秀案例中，文成县通过一条群众参与、社会认可、文艺繁荣的路子，把演出场地搬到了老百姓的身边，为文成这座迈步发展的旅游城市注入了独特的文化基因，让"山水舞台"成为城市品牌发展的重要抓手。

在"瑞安打造'1+X展示'街区文化旅游新地标"优秀案例中，千年古县瑞安在对文化遗产忠义街的改造中，注重建筑文化、地方历史文化、现代公共文化的整合和挖掘，让忠义街这1条旅游街道承载了X个文化业态，最终将忠义街打造成为展现城市文脉、唤醒历史记忆、催化文化产业、体验公共文化的城市客厅。

（《图书与情报》常务副主编，魏志鹏）

读万卷书 行万里路：乐清市图书馆文旅融合发展新路

读万卷书，行万里路。这是一句家喻户晓的学习名言，也是一个人成长成才的重要途径。2019年4月以来，根据温州市创建国家公共文化服务体系示范区　推进创新项目建设的部署要求，乐清市图书馆紧扣文旅融合发展方向，顺应人民群众对"品质阅读、品质旅行"提出的新要求，立足图书馆工作实际，以"读万卷书·行万里路"为理念，积极搭建以阅读为基础的"读者·行者"双向转换机制和服务支撑平台，深入探索图书馆文旅融合发展新路子，吸引更多社会公众参与到阅读和旅行中来，在"读万卷书"中"行万里路"，在"行万里路"中"读万卷书"，在阅读和旅行的学

"读万卷书·行万里路"文旅阅读活动

习历练中增长学识才干、实现更好发展。现经一年多的探索实践，"读万卷书·行万里路"项目取得了积极成效。

一、主要做法

（一）着力抓好思路谋划

文化和旅游机构改革以后，如何更好地推进文旅融合这一问题，非常现实地摆在了各级文化和旅游机构的面前。图书馆是公共文化服务的重要机构，也是地方文化建设和展示的重要窗口，理应在文旅融合上有所突破。纵观近些年乐清市图书馆在文旅融合上进行的探索，大都采取在景区、旅游集散中心新建公共阅读空间，或在酒店、民宿植入公共阅读服务功能等方式，尽管取得了一定成效，但依然不够精准到位。在深入谋划过程中，乐清市图书馆也在思考，是否还有其他更合适的实现路径、是否还有其他更有效的服务方式。图书馆的核心资源是图书和公共阅读服务，主要服务对象是读者。一个人要成长成才，既需要"读万卷书"，又需要"行万里路"。因此建立既能支撑"读万卷书"又能支撑"行万里路"的公共服务模式，对于图书馆探索文旅融合发展道路、完善公共文化服务体系具有十分重要的意义。同时，乐清这座千年古城深厚的文化积淀，以及作为国家旅游城市所具有的丰富的旅游资源，都为项目实施提供了良好的基础条件和外部环境。

（二）积极搭建运行平台

在基本思路清晰以后，乐清市图书馆邀请乐清市委宣传部、雁荡山管委会、乐清日报社、乐清市民宿协会、旅行社等有关负责人和本土人文研究专家等，对机制构建、平台搭建做了深入探讨。围绕如何引导社会公众更好地"读"起来、"行"起来，讨论并建立了以阅读积分、旅行积分、分享积分以及积分兑换奖励为核心内容的"阅读+旅行"服务支撑体系和工作运行机制。阅读积分方面，以图书馆总分馆公共阅读服务网络为支撑，以个人图书借阅量和参加阅读分享活动为主要计分点，鼓励读者多读书、读好书。旅行积分方面，建立由"阅读"向"旅行"延伸的积分兑换奖励制度，读者可以凭阅读积分，向签约参与合作的旅行服务机构（景区、旅行社、酒店、民宿）兑换或免费，或享受不同折扣，或全额付费的旅行服务。分享积分方面，读者阅读或旅行后，在媒体上发表文章或在图书馆举办分享活动的，可获得相应的积分奖励。三种积分方式的创建，实现了阅读和旅行的有效衔接和良性互动。

（三）有效整合社会资源

以"读万卷书·行万里路"项目活动为纽带，建立健全"政府主导、社会参与、多方合作、互利共赢"的社会化合作机制，发动各类数字化旅行平台、电子书出版商、音频视频服务商、景区、酒店、民宿、文化学者、民俗专家、非遗传承人（非物质文化遗产代表性传承人）等广泛参与，让阅读和旅行变得更加多元、便捷，推动文化和旅游全方位多角度深度融合。目前已有1家全国性电子读物出版商、1家全国性有声读物服务商、2家本地旅行社、5家本地民宿以及一批景点、文化学者、民俗专家、非遗传承人合作参与活动，初步构建了多方参与、合作共赢的社会化运营机制。

（四）全力推动组织实施

为扩大影响，乐清市图书馆设计了"读万卷书·行万里路"活动LOGO（徽标），统一制作了活动帽子和T恤等。针对不同年龄段的读者，乐清市图书馆借助不同宣传渠道推送相应的活动信息，如在《乐清日报》、乐清人民广播电台等传统媒体上，推送适合中老年读者参加的活动信息；在"乐清发布""中国乐清网""乐清城市网"以及官方微信公众号等新媒体上，推送适合青年读者参加的活动信息，还通过各类读者微信群、QQ群等，及时发布各类活动信息，吸引读者积极参与。从2019年5月至2020年7月，乐清市图书馆先后开展"乐清老城行""漫谈乐清古桥""带本好书去旅行""新西兰旅行分享""宣纸上的端午""与家长共读一本书""一座小城一段童年""行走的意义""被遗忘的塞上江南""潜水达人谈深海旅行""乐清有条美丽的龙"等特色活动30多场。有些边行走边解说的活动，还邀请了文化学者作深度解说，很受群众欢迎。比如"乐清老城行"活动,邀请乐清文史专家谢加平解说,得到了活动现场读者和视频点播读者的一致好评,大家纷纷要求多开展类似活动。

二、创新亮点

(一)为图书馆文旅融合发展探索了新路

随着经济社会发展水平不断提升,老百姓对美好生活提出了更高要求。"品质"已经成为百姓生活和公共服务的重要衡量标准。"读万卷书·行万里路"活动的开展,尤其是利用雁荡山、楠溪江等本地优质自然资源和人文资源,策划推出的高质量的阅读分享活动和人文旅行活动,满足了当下群众对"品质阅读""品质旅行"的需求,为文旅融合发展搭建了桥梁、探索了新路,具有积极的探索意义。

(二)为读者群体的个人提升提供了优质服务

读者是图书馆的服务对象,图书馆要为读者的个人提升提供优质服务。在过去,读者只能在图书馆里借借书、看看书,享受不到由阅读向旅行延伸的多元化的品质服务。随着文旅融合时代的到来,随着"读万卷书·行万里路"项目的实施,这种服务已经成为可能,并且随着项目的深入实施,将惠及更多群众。

(三)为潜在旅游市场的开发提供了可能

读者群体是一个庞大的消费群体。随着经济发展水平不断提升,将有越来越多人文素养相对比较高的读者加入旅行者的队伍,为旅行市场的开发、引流提供了可能。在小范围探索成功的基础上,在图书馆之间建立"读万卷书·行万里路"活动联盟,构建由阅读向旅行延伸的服务支撑体系,将有效开发读者群体,从而达到同时为图书馆"阅读"和旅游市场"引流"的目的,也为地方文化的展示宣传、为旅游经济的繁荣发展贡献力量。

三、努力方向

2020年4月,乐清市图书馆被文化和旅游部公共服务司确定为文化和旅游公共服务机构功能融合试点单位。乐清市图书馆以试点工作开展为契机，着力做好"读万卷书·行万里路"项目的深化提升，力求在文旅融合上探索出更多可推广、易复制的经验，为图书馆公共服务水平的提升提供更多试点成果。具体来说，要重点做好以下几方面工作：一是推进信息化智能化建设。开发"读万卷书·行万里路"智能化数据平台，并连接图书馆数据平台、社会化旅行平台以及各社会合作方，建立以阅读、旅行、分享积分和积分互换为主要内容的"阅读＋旅行"服务支撑体系和工作运行平台，为社会资源整合以及试点工作开展提供有力支撑。二是加强图书馆主阵地建设。围绕图书馆是公共阅读服务空间、地方文化传播空间、品质旅行支撑空间的功能定位，调整、优化原来各个楼层的阅读服务功能，增加文旅融合服务功能的植入，构建静可阅读、动可分享、立体多元的文旅融合体验场景和服务支撑，实现"阅读—旅行—分享"有机结合、交互促进。三是推进图书馆文旅融合总分馆制建设。依托图书馆乡镇分馆、学校分馆、企业分馆、"城市书房""百姓书屋"，将适合转化的图书馆分馆转化为文旅融合服务点，植入更多文旅融合服务功能，满足社会公众对文化旅游服务咨询、人文阅读空间、社会交往空间的需求。同时注重工作延伸，选取一批最能代表乐清地域文化特色的山水自然景观、特色人文空间、非遗工作室等，在各点位艺术性地嵌入文化屏，设置图书专架或阅读专区，提供电子图书和有声阅读服务，将其打造成为图书馆文旅融合总分馆制的拓展点位和对外文旅交流的展示窗口。四是深入推进社会化合作。按照政府主导、社会参与、多方合作、互利共赢的工作思路，以"读万卷书·行万里路"智能化数据平台为纽带，动员更多合作方和社会力量参与，进一步提升品牌影响力和公共文化服务能力。

（乐清市图书馆）

泽雅镇综合文化站"文旅融合新空间"

一、项目背景

泽雅镇处于瓯海区的最西部,北靠鹿城区,南接瑞安市,西与青田县（属丽水市）接壤。独特的地理位置孕育了泽雅传承千年的历史文化,形成了独具特色且内容与形式完美统一的丰富纸山文化和秀丽山水风光资源。2017年年底,在泽雅镇域中心出现了一座集纸山百姓书屋、纸山风情展示馆、纸山客厅于一体及包含纸山文创、传统技艺等项目的泽雅文化地标性建筑——泽雅综合文化站。这座充分体现泽雅文化精髓的新型综合文化站,按照文化内容将主体大楼从一至五楼分层设置,每个楼层各具泽雅纸山文化特色元素。

自2019年8月项目启动以来,泽雅镇根据本镇实际情况,制定《泽雅镇综合文化站——"文旅融合新空间"创新项目创建工作》方案。泽雅镇政府高度重视创建工作,成立了以镇长为组长、镇分管文化领导为副组长的创建国家公共服务文化体系示范区领导小组,由文化站站长具体负责全镇创建的各项工作。截至2019年12月30日,该项目建设资金共投入36.23万元,其中市级下拨资金5万元,区级下拨资金3万元,镇级投入28.23万元。项目创建过程中着重推动综合文化站文旅创新实践,提升文旅融合发展活力。

泽雅综合文化站

二、主要做法

（一）坚持建强阵地，促服务功能转型升级

做好文旅融合背景下的新型文化站内功能室的转型与升级，着力对文化站内各类功能性服务区域实施二次提升。泽雅镇综合文化站集纸山百姓书屋、纸山风情展示馆、纸山客厅于一体并包含纸山文创、传统技艺等项目，通过多媒体文化节目、虚拟漫游与文物及文化产品互动；"VR""数字沙盘""幻影成像"等项目的提升，引发游客的文化共鸣，促使"门票经济"向"体验经济"转变，打造瓯海最具活力的综合性文化新空间。

（二）坚持品牌打造，厚植乡村文化沃土

泽雅镇综合文化站积极开展群众喜闻乐见的文化活动，每季度开展具有一定规模和影响力的活动两次以上，文化活动的覆盖面占常住人口的80%以上。在品牌塑造上致力于挖掘本土文化资源，结合已有600年历史的省级非物质文化遗产周岙挑灯文化节，2019年吸引近5万人赴泽雅共庆盛事；与此同时，持续打造纸山文化旅游节，2019年活动网络直播点击量突破200万次，打造了全新的泽雅展示窗口。

（三）坚持文旅融合，留住农村乡愁底片

泽雅镇始终致力于文化与产业的有机融合，既画好古镇"面子"，又留住古镇"里子"，借文旅融合让乡土文化焕发新的生机。坚持把历史传承、文化底蕴写进乡村振兴的每一个细节，切实留住"老村老院老房子，老门老店老巷子"的古镇记忆；坚持把琦君文化、乡愁情怀刻入美丽乡村改造的每一个角落，让每一处风景都能唤起琦君笔下的梦里故乡，唤醒沉睡游子心中的那一抹乡愁。

三、创新亮点

（一）创新科学管理模式，谱写文化产业新篇章

泽雅镇坚持文化发展的产业导向和人才导向，进一步规范文化市场，发掘地方文化资源。深入推进非遗保护与旅游相结合，以发展促保护，推

"纸山客厅"

进从"文化"到"产品"的转化过程，将泽雅屏纸与纸马雕版、活木字印刷等非遗巧妙结合，制成泽雅屏纸版画，打造文化"伴手礼"。在公共文化设施管理上，泽雅镇主动求变，在文化大楼日常管理运行中试点采用委托第三方公司入驻的社会化管理新模式，引进市场活力，通过开展公益艺术培训、演出活动、文化展览、读书分享会活跃人气，建好、用好泽雅文化地标，打造泽雅文化繁荣"新气象"。

（二）创新群众参与方式，探索惠民文化新径

泽雅镇综合文化站在坚持政府主导的前提下，倡导全民参与"大文化"建设，推进"文化为民"行动，建立乡村艺术团各类演出队伍22只，成员近500人，涵盖声乐、曲艺、模特等多种文化形式，定期在镇域范围内的文化礼堂、文体广场开展各类主题巡演、文化走亲、文化志愿服务等文化惠民活动，年平均演出文艺节目300余场次，观众超3万人次，满足了乡村群众日益增长的文化需求。

（三）以文促旅，提升旅游产品的文化内涵

泽雅镇综合文化站通过多元的艺术公益培训、丰富的演出活动、多样的文化展览、多彩的读书分享会等活动，留住越来越多的老一辈泽雅人、新泽雅人、来泽雅参观参观旅游的人，并且吸引更多的文化人群聚集。通过持续的、高密度的文化活动的导入，将泽雅综合文化站打造成具有浓郁纸山特色的都市近郊化、艺术化和常态化的泽雅文化新地标。

四、取得成效

随着泽雅镇近年来的文旅融合发展，游客已经有了更多样化的选择。传统造纸生态博物馆、泽雅民俗文化专题展示馆、纸农菜展示馆、琦君纪念馆以及造纸体验、非遗演出、乡村艺术团展演，让人们的泽雅之旅更加丰富多彩。越来越多的旅游景区注重提升文化内涵和游客的文化体验感。随着人们文化生活需求的不断提高，文化旅游已经成为更受欢迎的旅行方

式。而我们的文化旅游者更注重文化体验，泽雅镇综合文化站通过对"纸山客厅"的打造，充分利用将历史文化、民俗文化等集体文化记忆转化为场景、故事、体验项目等，引发游客的文化共鸣，促使"门票经济"向"体验经济"转变。

下一步，泽雅镇将围绕"千年纸山，琦君故里"这一特色文旅融合新型综合文化站建设，积极探索和研究本镇文化活动特色，积极运用好综合文化站这一公共服务平台，重点以乡镇综合文化站文旅融合建设成果、优化资源配置、加强运行管理为目的，着力乡镇综合文化站文旅融合建设、运行管理和效益发挥情况，探索文旅融合新型文化站的"建、管、用"新模式，丰富群众文化生活，满足人民群众日益增长的文化生活需要。

（瓯海区文化和广电旅游体育局）

寻根故里：温州市文旅融创研学之旅探索实践

一、项目背景

习近平总书记说："我们要取其精华、去其糟粕，赋予中华传统文化以新的时代内涵，使之成为我们的精神追求和行为准则。"近年来，温州市公共文化事业不断发展壮大，温州市少年儿童图书馆也一直开拓创新，致力于打造立体阅读，在传统文化方面不断探索新颖的方式激发青少年兴趣。2018年起，趣味性引领少年儿童在阅读中探索传统文化成了温州市少年儿童图书馆服务工作的重点。温州市少年儿童图书馆着力打造"传统遇见未来，科技引领阅读"的主题氛围，比如，馆舍空间传统氛围的营造、传统书籍主题荐读、传统皮影戏剧场、二十四节气工坊等活动层出不穷，受到了广大青少年的喜爱。除了在阵地内开展传统文化的宣传，温州市少年儿童图书馆积极开拓实践育人新途径，响应温教基〔2018〕113号文件，结合学生的身心特点、接受能力和实际需要，注重在系统性、知识性、科学性和趣味性等方面推进中小学生研学工作，在其中找切入点创新项目，为青少年全面发展提供良好成长空间。

为了让更多的青少年和归国寻根的海外华侨子女们发现家乡独特的魅力、了解家乡历史文化，2019年随着文旅融合，温州市少年儿童图书馆因地制宜，挖掘地域特色和优势，联合温州市文物保护考古所、温州非遗项目传承人、温州大学瓯江学院建工专业教师团队，打造了"寻根故里——文旅融创研学之旅"这一探究式研学项目，期望借由跨界融合的力量，在实践中运用最新的 STEAM 先进教育理念和手法，在少儿阅读和知识普及方面做大文章，积极运用现代传播技术和先进科技手段，增强温州市少年儿童图书馆公共文化服务的活力和效能，帮助青少年开阔眼界、增长知识，更好地认识自己的家乡，增强青少年对家乡的热爱之情，提升其创新精神和实践能力，有效发挥图书馆阅读引领风尚、教育青少年、服务社会大众、推动阅读发展的功能。

二、主要做法

本项目从阅读着手，设计"阅读欣赏—知识普及—实践操作—任务设置—实地参观"五大环节。一是由少年儿童图书馆工作人员从海量读物中挑选相关精彩故事和传统建筑相关科普知识读物进行素材点的挖掘，配合多元化的阅读形式，激发青少年兴趣；二是由建工专家或非遗传承人带领青少年了解物件背后的基础知识、构造原理；三是通过实践动手操作，巩固知识点，团队协作完成模型作品，激发孩子们的想象力和创造力，培养其动手能力；四是团队通力合作，一起设计成果内容目标，整理成适合在青少年群体中传阅的文化宣传亮点；五是通过组队实地考察，深入了解家乡温州各县、市、区的传统建筑群、名人故居、城市布局、城楼、城墙、山水路桥等建筑的工艺原理和前世今生，体会历史车轮带来的时代变化，并最终获得研学课程收获。

项目初期分两期进行。第一期主要以项目启动为主，以指定学员参与活动为试点开展课程研学，以城市大格局为课程主题带学员认识家乡城市风貌；第二期主要以项目扩展为主，以家乡文化精神和传承非遗经典为课程主题，参与对象以全市青少年和海外寻根温籍青少年为主，分日常班和暑期特别班两个形式进行。温州市少年儿童图书馆精心挑选了单位附近两所学校的三至五年级学生共 50 名参加第一期课程，课程包括"斗城温州——温州旧城布局""斗城温州——街巷探秘""温州城的山水""家乡的那些墙与院"。少年儿童图书馆工作人员还为大家精心准备了皮影戏《花婆婆皮影小剧场——郭璞建城》，让广大读者加深对温州历史的了解。温州非遗传承人朱铭介绍了"斗城温州"之称的来历，共同品味瓯越文化，还带领大家走街串巷，了解温州街巷里隐藏的秘密，体会这座城市的时代变迁。温州大学瓯江学院的应子怡老师带领孩子们来到池上楼，介绍温州古城防御城墙的历史和家乡的四合院。这些形式丰富多彩的课程得到了学生和家长、老师的一致好评。接下来图书馆还会安排三项课程，分别是：①实地参观朱自清故居、夏鼐故居；②赴温州大学瓯江学院木工房了解建筑、榫卯的结构，进行木工实践课；③在之前课程学习的基础上，亲手实现温州沙盘的复原。

温州市少年儿童图书馆研学之旅活动

三、创新亮点

本项目以"传承工匠精神 + '学与玩'教学 + 研学旅行"三位一体的模式，提高中小学生对传统文化的敬仰、对家乡的热爱，提高学生的创新精神和实践能力。通过少年儿童图书馆工作人员对海量书籍知识的提取，挖掘家乡民俗故事、传统文化建筑特色以及非物质文化遗产传承等相关工艺原理，激发当代青少年和海外温州籍华侨子女们对家乡特色传统文化的浓厚兴趣。本项目开启跨界融合，结合温州文物保护专家、非遗传承人以及温州知名建筑领域专家，通过理论知识普及、实践动手引领，以书本结合实践操作、实地考察等探究式的研学旅行方式，深入了解家乡文化里的传统古居、城市布局、城楼、城墙、山水路桥等建筑的工艺原理和前世今生。图书馆希望通过本项目让更多的青少年发现家乡独特的魅力，理解家乡传统文化的精髓，传承家乡非遗文化，让温州的孩子更好地认识自己的家乡，寻根故里。

四、取得成效

正如《教育部等 11 部门关于推进中小学生研学旅行的意见》所指出的一样，研学旅行要结合学生身心特点、接受能力和实际需要，注重系统性、知识性、科学性和趣味性，为学生全面发展提供良好成长空间。本项目三大板块不仅仅是对某一建筑工艺、民俗的科普认知，还涉及地理、物理、生物、历史文化等多方面的专业知识，是一个运用综合知识、动手能力提升青少年全面身心发展素养的趣味性强、知识面广的项目。该项目具有创造性、实用性、示范性特点，符合现代公共文化服务体系发展趋势。

（温州市少年儿童图书馆）

温州非遗体验基地建设，打造沉浸式休闲旅游目的地

一、项目背景

2018年起，温州市以非遗的体验基地建设为载体，促进文旅融合，探索非遗传播、传承的新方式、新方法，取得了明显成效。非遗体验基地的建设，能够更好地促进非遗代表性项目的保护和发展，完全符合"见人见物见生活"的非遗保护理念；非遗体验基地的建设，是深入挖掘、传承发展优秀传统文化，进一步坚定文化自信，推动中国特色社会主义文化建设的生动实践。

二、创新亮点

（一）打造"非遗"体验基地为旅游目的地

非物质文化遗产是文化旅游的重要资源，可融入旅游的吃住游购各环节，延伸旅游产业链，提升旅游目的地的吸引力。在景区内建设非遗体验基地，既可增加景观旅游的文化气息，增加旅游的内容，集聚旅游景区的人气，又可以展示和宣传传统文化，提升旅游景区的影响力。一部分非遗体验基地虽然不在景区范围内，但其坚持以非遗为主体，常年开展体验活动，将不是景区的地方变为群众向往的旅游目的地。经过专家组评估，遴选出的全市29个市级非遗体验示范基地在2019年举办活动1953场，21万余人次参与了体验。如文成县的"十亩之间"民宿，一不靠近景区，二不靠近公路，山前山后也是普通乡村景观，民宿是一幢花了100多万元改造的20世纪80年代的老房子，2016年试营业时，这家民宿并不被人看好，

可是没想到,这个主打非遗节气民俗、传统工艺、农事体验卖点的民宿不仅活了下来,而且成了周边游客一个重要目的地。泰顺县的大安乡视非遗为宝,将促传承与促发展融为一体,以文化带动美丽乡村建设和旅游发展。其中,大丘坪村是个土陶文化村,不仅保存着较完整的柴窑和大批古民居,还保留着传统的土陶制作技艺和20多位制陶艺人。乡里积极引导该村村民成立了安能手工艺合作社,促成村集体以土地折价入股、农户以资金和民居入股、传承人以制陶技艺入股。目前,安能手工艺合作社有17位村民入股,其中大多数人都会制陶,还包括市、县两级非遗传承人5名。这个户籍人口1347人、实际常住人口只有890多人的村落,因为"非遗体验+乡村旅游"而热闹起来。全域旅游视角下,遍布全市的非遗体验基地恰好织成了一张全域非遗旅游的大网,形成了一条条非遗体验特色线路。

(二)创新非遗传播推广与普及方式

非遗是一个"社区"的一种文化生活方式,但是,这个"社区"群体之外的民众,有时候对其却并不了解。如何将非遗的精华提炼出来,让非遗通过常态化的传播途径为百姓所了解、知晓,十分重要。非遗体验基地的建设,创新了非遗传播推广的方式,同时,体验活动本身也是一种新型的文化产品。首先,非遗体验基地常年开放,能将运动式的宣传活动提升为常态化的推广;其次,非遗体验基地量多面广,群众的选择变被动为主动;最后,由于体验活动的精心组织及其规范化的流程,群众可以非常具体地、有效地参与到非遗项目中来,从而更加立体地了解、掌握、继承先民留下的文化遗产,进而将这种遗产及其所蕴含的人文精神融入实际生活。体验基地由非遗代表性项目代表性传承人或指导教师提供专业指导,在醒目的位置还有非遗项目的具体介绍,群众来这里学习体验的是非遗本真的生态文化。以鹿城区叶同仁中药文化体验基地、泰顺县大安乡大丘坪村手工制陶体验基地为例,其主要运营方式是由非遗代表性传承人、非遗代表性项目保护单位主导建立,以非遗项目体验为核心内容,主要由传承人或

鹿城区叶同仁中药文化体验基地

项目保护单位出资、运营，非遗保护部门提供政策支持和业务指导。

（三）以机制建设促进其自我生存自我发展

体验基地在体验内容上，既有专业技艺方面的交流，又有传统习俗的体验；在组织形态上，既有传统的非遗传承基地、民办博物馆，又有企业、民宿、商店、村集体等组织；在运营方式上，既有公益性活动，也有非公益活动；在地域分布上，既有城市街道，也有乡村社区，既有繁华的旅游商贸区，又有幽静的居民住宅区。2018年6月，为进一步促进非遗体验基地标准化建设，增强体验基地自我生存能力，温州市文化部门在平阳县召开全市非遗体验基地建设现场推进会，交流体验基地建设经验，进一步督促指导各地建设工作。在多次征求意见、讨论的基础上，于当年7月出台《温州市级非遗体验基地评估方案》（以下简称《评估方案》）。《评估方案》的出台，为全市非遗体验点的建设提供了政策指导。下一步温州市将加强对体验基地的指导工作，规范流程，统一管理，将非遗体验项目打造成标准化、可操作性强、具有鲜明地方特色的新型文化产品，形成新的文化旅游服务品牌。同时，在营销模式、理论研究体系、建设评估体系方面下功夫，增强其社会效益和经济

鹿城区"非遗创意坊"

效益，不断丰富非遗体验基地的内涵，形成完整生态体系。

三、取得成效

2018年10月，浙江省文化厅《关于同意温州市为传承发展浙江优秀传统文化行动计划之非遗体验点建设试点的批复》（浙文非遗〔2018〕21号），同意温州为非遗体验点建设试点。《中国文化报》于2018年10月1日和10月22日先后刊载题为《因为体验过 所以离不开》《让非遗流行起来》两篇关于温州非遗体验基地的专家调查文章。2018年第17期《今日浙江》刊载《在温州体验非遗》记者文章，温州非遗体验基地的建设引起了各方关注。截至2019年年底，温州市已经评选出29个市级非物质文化遗产体验基地，这些体验点布局有的在城市综合体内，有的在农村经济合作社内，有的在工业遗址内，有的在旅游景区内，这些非物质文化遗产体验点常年开放，成为市民度假、学生研学的旅游目的地。

（温州市文化广电旅游局，金照）

平阳县"魅力茶乡"品牌文旅活动助推乡村振兴

一、项目背景

水头镇新联村地处水头镇朝阳社区西南部，是一个纯山区村，由三脚田、深头温、李家舍、矮垄坑、外厂、下厂、牛栏岗、宫脚、牛栏岗9个自然村组成，全村区域面积2.3平方千米，耕地面积625亩，山林面积1235亩，现有人口225户845人，是水头镇朝阳社区一个少数民族人口集中村、市级生态村和县级农业特色产业村，并于2019年列入第六批"全国一村一品示范村镇"。新联村海拔600多米，昼夜温差较大，生态环境良好，常年云雾缭绕，适合发展有机茶园，全村现有各类茶园3000多亩，产值2150万元，2015年人均纯收入17825元，其中平阳黄汤收入14262元，占农民人均纯收入的80%，平阳黄汤已成为新联村发展致富的一项主导产业。

二、主要做法

新联村以"平阳黄汤"为品牌，着力打造"一村一品"，不断提高茶叶品质，特色产业发展初显成效。目前，新联村大力发展优势特色茶产业，所有茶园统一管理，茶叶统一收购，经济效益良好。新联村有很多畲族民族村（45%），民风淳朴；曾于2014年获"市级文明村"称号；又是茶文化村，拥有独特的茶文化资源；建有文化礼堂、农家书屋、茶廉文化基地等；拟建平阳黄汤非遗传承基地、平阳黄汤古法作坊。

自 2017 年以来，平阳黄汤茶博园已经累计投入 1000 余万元，坚持高标准、高水平规划建设景区，完善景区基础配套和服务设施。特别是自确定创建国家 3A 级旅游景区目标以来，坚持"以人为本"的原则，对景区的游客中心、游步道、停车场、旅游厕所、标识标牌、分类垃圾箱、旅游购物等做了全面提升，使景区的配套设施得到进一步改善。

景区紧扣平阳黄汤茶文化和畲族风情两大主题，以子久文化基地、最美茶园为依托，以子久茶叶加工厂、茶文化主题雕塑群、黄汤古茶树群、茶叶古法工艺展示等特色项目为重点，深入挖掘平阳黄汤文化主题资源，打造中国黄汤第一村。积极打造"畲乡茶韵"主题文化村，推进畲族村寨改造提升，使畲族风情与黄汤茶文化融合发展，突出民族特色和茶文化特色——茶文化墙、茶文化培训、畲族文化展、挖掘畲族文化产品，培养相关人才，举办相关活动，定期组织开展民俗文化活动（歌舞、影视、图书、技术下乡），倡导茶、孝、廉、耕、读等主题文化。下图为央视摄制组走进平阳黄汤茶园，并采访浙江子久文化股份有限公司董事、天韵茶业有限公司董事长、平阳黄汤制作技艺非物质文化遗产代表传承人钟维标。

央视摄制组走进平阳黄汤茶园

央视摄制组采访浙江子久文化股份有限公司董事、天韵茶业有限公司董事长、平阳黄汤制作技艺非物质文化代表性传承人钟维标

景区注重宣传，积极通过各级主流媒体进行广泛宣传，使景区在省内外都享有了一定的知名度。2017年3月，中央电视台深入朝阳山茶园拍摄了专题片《行走魅力茶乡——平阳篇》，在中央电视台《乡土》栏目播出。2018年4月邀请《茗边》专评栏目来朝阳山茶园采风，系列报道平阳黄汤。同时，开展不同类型的媒体宣传和文化旅游节庆活动，积极参加国内、国际茶博览会，大大提升了平阳黄汤的品牌知名度和市场辐射力，并吸引了大批游客前来景区观光体验。

为创造良好的景区运营环境，景区制定了旅游服务、导游、卫生、安保等各项规章制度，并落实到位，确保景区管理有序，提升景区服务与环境质量。同时，围绕无重大安全事故发生、紧急情况及时有效处置的目标，积极完善景区安全管理制度，制定安全防范措施和应急预案，配备充足安保人员和安保设施，常态化推进安全督导检查，全面做好景区安全管理和

央视专题片《乡土》"行走魅力茶乡——平阳篇"

预防工作。

三、创新亮点

新联村朝阳茶园景区提供平阳特色名优茶叶产品，特别是平阳黄汤，除了茶叶之外，在新联村朝阳山景区还可以品尝乡村美食，另外，结合茶乡特色，引入茶叶元素，新联村还开发了茶香酱油肉、茶香熏鸡、茶饭、茶菜、茶酒等茶特色饮食产品。新联景区目前有两家农家乐和美食场所，村民民居两家，村委会目前还在通过有效盘活利用和改造村庄空闲农房与宅基地发展特色民宿；目前已经形成的畲乡民俗文化活动（祭茶神）、采茶制茶、品茗休闲、观光游览、餐饮住宿、茶培训学习等一批特色乡村休闲旅游产品，让来新联村的游客体验茶事活动，大大地促进了茶产业和旅游的融合发展。另外，在茶文化旅游的带动和辐射下，新联村的畲乡茶韵特色乡村休闲旅游产品已经具有一定特色，并有一定知名度，特别是"文化＋旅游＋农业"的发展模式，成为乡村旅游发展的一种独创性模式。

四、取得成效

2018年年初,新联村的茶旅融合发展项目被列为平阳县十大亮点项目工程、水头镇书记领办项目工程等。2018年年底,新联村平阳黄汤茶博园3A级景区一期工程已经完工,村庄面貌发生了翻天覆地的变化,实现了华丽转身,一个美丽的"山水茶庄"脱颖而出,村内建起了游客服务中心、民俗大舞台,开办了农家乐、茶餐厅、品茶区,村庄整洁美观了,村民健走、散步、跳舞、聊天有了好去处。随着景区项目的开发,来新联村的茶商、游客多了,经济也更为活跃了。通过景区创建,景区知名度和美誉度得到大幅提高,市场辐射力也不断增强,据初步统计,2018年景区全年接待游客达到20万人次,营业收入超过500万元,贡献税收50余万元,有

2019年平阳黄汤茶博园茶旅文化节

效促进了当地居民就业，带动了水头镇休闲旅游的发展。

水头镇新联村荣获平阳县级农业特色产业村、平阳黄汤茶叶发源地和核心产地——命名为"中国黄汤第一村"、全国三十座最美茶园之一（2016）、全国一村一品（平阳黄汤）示范村（2016）、浙江省"最美田园"（2018）、平阳黄汤茶博园3A级景区、平阳县十大亮点项目工程、全市乡村振兴项目第六名、2018年度种植业"五园创建"省级示范基地、国家级少数民族特色村寨等称号和成绩。

（平阳县水头镇人民政府）

"红都凤卧"旅游文化节品牌打造与推广

一、项目背景

凤卧镇位于平阳县西北部山区，东临腾蛟，南接水头，西连山门，北与文成县接壤，总面积37.5平方千米，下辖10个行政村，总人口约2.4万人。

凤卧镇是浙江省著名革命老区，是中共浙江省一大会址所在地、中共浙江临时省委成立地、红军挺进师坚持闽浙边三年游击战争的主基地，红色历史璀璨，文化底蕴深厚，素有"浙江延安"之美称。1993年，凤卧镇凤林、马头岗、吴潭桥、东㘞等21个自然村被纳入浙江省老区名录，并获得"革命老区村"牌匾。

在温州创建国家公共文化服务示范区的背景下，凤卧镇积极探索公共文化服务的新思路、新模式，通过挖掘盘活特色红色文化，传承红色基因，激活红色活力，打造和推广"红都凤卧"旅游文化节品牌，推进红色文化与红色旅游深度融合、联动发展。

二、主要做法

（一）借力网络互动传媒，打响文化活动品牌

为了打响"凤卧红色旅游文化节"活动品牌，有效提高"红都凤卧"知名度和美誉度，凤卧镇建立"红色旅游文化节"活动品牌长效机制，2016年至今，已连续举办四届凤卧红色旅游文化节。尤其是2019年第四届红色旅游文化节开幕式及"重走红军路五县会师平阳"活动，首次采用了网络

第四届"凤卧红色旅游文化节"开幕式

直播形式，借力网络互动传媒，参与观看的人数达48.3万人，群众知晓度创历史新高。此外，"凤卧浙江红都"微信公众号的运营，及时将品牌活动信息通过H5（HTML5，超文本5.0）传播扩散，实现文化活动信息共享。

（二）利用各类特色文化资源，开展亲子互动体验游

"访红色胜迹、尝红军粗粮"红都体验亲子露营联欢活动，是每届凤卧红色旅游文化节的重要组成部分。该活动以亲身体验、亲子互动的趣味体验，引导青少年体会革命先烈艰苦奋斗的精神，将红色文化主动根植于心，从小培育青少年的爱国情怀。第四届红都体验亲子活动亦是凤卧红军小学与宁波小港中心学校结对帮扶的载体，此次活动首次融入了非遗木偶戏传承展演。凤卧镇内塘村艺术团创新木偶剧团为来自宁波北仑以及凤卧镇红军小学的家长、孩子们表演了精彩的木偶剧目，将家长、孩子们引入木偶表演艺术的殿堂。文化与旅游的有机融合，奏响了凤卧镇"文化+旅游"融合发展的优美旋律。

（三）用鲜活生动的非遗项目，丰富红旅文化节文化内涵

第四届红旅文化节，比往年多了一个活动项目——"红都古韵：品味非遗·凤卧老街行"。凤卧镇利用红旅文化节的契机，在凤卧红军街进行非遗项目展示，古色古香的老街让"非遗"文化更具韵味。通过"平阳点色刻纸""活字印刷术""温州蛋画""米塑"等24个非遗项目展示，生动鲜活地展现了非遗项目的文化意趣，呈现在眼前的"美味、趣味、古味"的非遗项目展，让文化遗产"活"起来，不仅丰富了红旅文化节的文化内涵，也进一步强化了群众保护非遗文化的意识，把被动保护变为自觉保护，有效地促进了非遗文化的传承和发展。

凤卧红军街进行非遗项目展示

三、创新亮点

（一）公共文化资源进旅游场所和景区，打造乡村旅游文化振兴的"凤卧实践"

"文化是旅游的灵魂，旅游是文化的载体"，以旅彰文，推动文旅融合。

凤卧镇推动公共文化资源进入旅游场所和景区，在中共浙江省一大陈列馆内开设了公共阅览空间，配置了一些入墙式书架以及红色经典书集，用旅游的方式宣传公共文化，让游客在饱览红色胜迹的同时享受到公共文化服务延伸带来的好处。

为了响应公共文化服务从"送文化"到"种文化"的改变，培育村民文化生活自我供给能力，打造村民"自我创造、自我表现、自我服务、自我教育"的公共文化供给新模式，自第三届凤卧红色旅游文化节开始，凤卧镇将村民结合本村产业、自己打造的"平阳·凤卧柚子采摘活动"纳入凤卧红色旅游文化节。百姓的舞台、乡土的文化、村民自己打造的文化活动，是乡村文化振兴、基层文化繁荣发展的缩影。"红色旅游文化游"加上"绿色休闲农业游"，是推进乡村旅游文化振兴的"凤卧实践"。

（二）提升镇级红色旅游文化基地，推广红色旅游文化品牌

综合文化站在提供公共文化服务、活跃乡村文化生活等方面发挥着重要作用，是实现乡村文化振兴的桥梁与枢纽。凤卧镇综合文化站是凤卧镇推广

凤卧红色记忆馆

红色旅游文化品牌的重要载体。2019年，凤卧镇紧紧围绕"公共文化、人人共享"这一主题，积极探索"高标准建设、可持续发展"的模式，推动综合文化站基础设施标准化、文化资源共享化、运行管理一体化。在综合文化站"一镇一站"提升设计中，深入挖掘红色文化资源，将"红色元素"融入各大景观和文化建设，用红色文化装点综合文化站，全力推进文化和旅游有机结合。综合文化站文化长廊中的红色文化展陈区域，以图文的形式向广大群众展示了凤卧的红色基因。同时，凤卧镇在综合文化站内建设了"数说红都"红色记忆馆，追溯革命老区的光辉过往。一个个革命故事，一张张历史照片，引领游客追忆往昔峥嵘岁月。自综合文化站建立以来，广大村民依托这个平台经常性地开展一些文旅体活动，这里逐渐成为老百姓心目中名副其实的群众文化活动中心和创作培训基地，是凤卧镇推广红色旅游品牌的文化地标。

四、取得成效

从2016年开始推出的凤卧红色旅游文化节，包含盛大的开幕式、闭幕式，红色足迹，红都体验，红都风采等丰富项目，如今设施完善、柚香遍野、"非遗"汇集的凤卧红色之旅更值一游！第四届凤卧红色旅游文化节历时一个多月，共安排文艺演出、慰问演出13场，各类主题活动11场，参与群众达3.2万人次，丰富多彩的活动让群众切实享受到了文化创建的成果，有力地响应了"公共文化，人人共享，文化为民，文化惠民"的号召。

文化与旅游协同并进，行进在革命先辈当年战斗过的地方，瞻仰红色胜迹，重温红色记忆，聆听红色故事，传承红色精神。"红都凤卧"旅游文化节品牌的打造与推广，继承和发扬了那深深扎根并浸润在凤卧这片红土地上的红色基因，让特色红旅文化品牌成为凤卧镇公共文化服务的响亮名片，为凤卧"浙"一抹红，再添新彩！

（平阳县文化和广电旅游体育局）

苍南县"文化进景区"标准化建设探索实践

一、项目背景

苍南县地处浙江最南端,坐拥山呼海应的地貌和闽越交融的文化,得天独厚的先天优势孕育了包容并蓄的地域文化,奠定了文旅融合发展的坚实基础。近年来,苍南县结合全域旅游示范县和国家公共文化服务体系示范区推进"文化进景区"活动,编制了《苍南县文化旅游融合发展规划纲要》,制订了"文化旅游融合三年行动方案",全面完善景区的文化基础设施配套布局,并开展了一系列"文化进景区"活动,积极探索"文化进景区"标准化建设。

一是人文资源底蕴深厚。三个"600年"是苍南文化旅游的一个代表,它们是浙南古民窑"活化石"碗窑古村落、明代抗倭遗址"蒲壮所城"和"世界矾都"矾矿工业遗址。全县已有国家级文物保护单位5处和非遗名录3项,省级文物保护单位9处和非遗名录21项,省级以上文化资源数量在全省县(市、区)名列前茅。

二是群众文化基础扎实。已形成覆盖城乡的现代公共文化服务体系,县文化馆、图书馆等大型公共文化场馆完美融入县城中心湖景区,半书房、碗窑陶瓷艺术馆、福德湾黄传会书屋等民办文化场馆纷纷进驻景区。2019年,全县开展渔鼓、蒲城"拔五更""畲族三月三文化旅游节"等传统民俗活动1000多场,深受游客欢迎。

三是文旅产业欣欣向荣。近年来强力推进文旅融合新格局,引入台商

苍南矾都文化旅游节

小镇、绿能小镇、博物馆小镇等重大项目，创成省级风情小镇1家，培育4家。目前已有国家3A级以上旅游景区8个（4A级景区2个，在评4A级景区1个），A级景区村137个，打造省级以上特色文化旅游产品30处，推出特色美食小吃近百项。2019年共接待游客1639.15万人次，同比增长21.46%，旅游总收入158.2亿元，同比增长23.61%。

二、主要做法

开展这个创新试点是基于两点考虑：①标准化体系是当今打造所有领域高质量产品的科学体系；②标准化体系能够清晰、明了地引领景区植入文化元素，迅速指引景区文旅融合水平，这种做法可行性强，容易复制推广。主要做法包括以下四点。

一是先行先试，制定文旅融合统一标准。研究制定《苍南县文化进景区评定标准》，在旅游中注入文化内核，聚焦公共文化、文化遗产、文化产业、文化元素、文化修养进景区五大领域的融合，将文化内涵融入旅游景区，同时在标准实施中不断积累经验，逐步优化标准体系，形成可供分享的"苍南经验"，推进苍南文旅融合标准化发展。

二是全面深入实施"文化润景"工程。切实提升景区文化品位，以国家 A 级旅游景区文旅融合提升为突破口，以点带面，在全县各景区城镇、风情小镇、特色小镇、景区村庄等景区进行全面推广，推进苍南文旅融合全域化发展。

三是全面开展文化基因解码。充分挖掘各景区文旅资源，根据景区资源特色有针对性地注入文化元素，打造独具地方特色的文旅融合产品，避免同质化竞争，推动苍南文旅融合个性化发展。

四是建立文旅融合长效机制。将文旅融合标准作为景区创建必备条件，未来申报国家 A 级旅游景区、景区城镇、风情小镇、特色小镇、景区村庄及其他特色旅游产品创建，要把文旅融合标准要求融入相关产品创建内容。同时，建立景区复评制度，根据需要对已命名的"文旅融合景区"开展检查或复评，对发现问题的景区进行限期整改或取消命名，推进苍南文旅融合可持续发展。

三、创新亮点

一是公共文化进景区。大力推进"半书房"、城市文化客厅、文化驿站、旅友书吧（景区图书室）等进旅游景区，努力发展文博场馆、文化展示馆、美术馆等进景区，在景区内定期开展公共文化展示展演活动，增强景区文化活动氛围。

二是文化遗产进景区。推动旅游景区申报文化遗产地，积极鼓励旅游景区整体或者单体申报各级文物保护单位、历史文化名村（镇），发展地域特色非物质文化遗产并融入旅游景区，提供"非遗"文化活态展示、"非遗"文化研学等体验性文化旅游产品，打造具有浓郁地方特色、深厚文化底蕴的特色旅游吸引物，为到访游客提供文化大餐。

"2018年味矾都——摄影进百家 温暖全家福"活动

三是文化产业进景区。开发文化旅游演艺和文化节庆产品，研发旅游景区动漫产品及剧目，设计创作旅游景区文创产品，鼓励发展景区创作，把文化旅游演艺、文化动漫、文化创意、创作等文化业态植入旅游景区，打造具有丰富文化业态的旅游景区。

四是文化元素融入景区设施。在旅游景区游客中心、旅游厕所、停车场、标识标牌和解说系统、旅游交通工具等位置，积极融入当地文化元素或文化符号，打造文化内涵丰富、底蕴深厚的文化旅游景区基础设施；在旅游景区主要建筑设施、旅游交通设施、旅游吸引物系统、旅游景观系统、游览系统、重要建筑小品和景观小品系统、电力电信和给排水系统等设施中，融入当地传统文化元素，建设具有浓郁地域特色和文化风貌的旅游景区公共服务设施；在旅游休闲度假综合型景区，将当地文化积极融入旅游接待设施，打造具有丰富文化内涵及文化意象表达的文化主题酒店、文化主题餐厅、文化主题休闲购物场所等文化型旅游接待设施。

五是文化修养提升景区服务。推进旅游景区服务和管理人员服装服饰、礼节礼仪、待客之道等积极融入地域特色文化内涵，打造具有景区特色文化的旅游景区服务模式，塑造旅游景区服务和管理文化品牌与形象。

四、取得成效

目前，苍南县矾山镇福德湾景区经过一年多的改革实践，已探索出五大文旅融合发展路径，初步形成了文物保护、工业遗址、节庆文化、红色文化、夜景文化与旅游的深度融合发展，还成功打造了矾都工矿风情灯光秀、福德湾矿工文化街区等文旅融合产品。

到 2020 年年底，苍南县将重点培育碗窑和福德湾景区，创建两家以上"文旅融合精品景区"，并完善"文化进景区"评定标准。三年内，全县国家 3A 级以上景区全部创成"文旅融合标准景区"。同时，通过试点建设，形成文旅融合效应，带动文化场馆、文旅融合街区、文旅融合景区村镇等文旅产品建设开发，形成在全省可复制、可推广的典型经验。

（苍南县文化和广电旅游体育局）

山水舞台：让公共文化服务和百姓零距离

一、项目背景

2019年10月，第十四届浙江省山水旅游节在文成县举办，开幕式的舞台设在百丈漈景区内，台后有飞流激湍、重山茂林，台前有舞姿翩跹、歌声婉转，山水实景舞台将中国文化与山水元素完美结合，这种全新的山水—文旅深度融合新模式，给现场的观众带来了视觉和观感的双重享受。

山水实景舞台

受此启发，文成县文化和广电旅游体育局于2019年年底推出了一个全新的体验项目——山水舞台。

什么是山水舞台？山水舞台是文成县助力"国家公共文化服务体系示范"建设的一个全新文化品牌，未来将成为打造"文化文成"的一个前沿阵地。在文成山水之间，处处是景，也处处是文成文化的展示板、宣传区。山水舞台创造性地把舞台设在老百姓的身边，马路边、亲水公园、人流密集处，甚至景区……县域范围内，只要是人流密集的地方，就是演出的舞台，就是文成文化工作者为百姓和游客服务的窗口。舞台演绎以声乐、戏曲、民间艺术等艺术类型为主，同时选拔文成县优秀文艺人才进行表演展示。

二、主要做法

文成县以"百姓小舞台，等你当'民'星""只要你有才，山水舞台等你来"为主题推出"山水舞台"项目，铺设点集中在县域范围内的人流密集处。面向全县公开选拔艺术人才，报名者通过专家审评后入选演艺人才库，并与县文广旅体局签约，获得相应的演出机会，2020年年初在文成县各个"山水舞台"登台亮相，全面推动全民技艺普及和群众性文化活动开展。

第一，建立制度。文化和广电旅游体育局印发了《关于印发"山水舞台"演出工作实施方案的通知》(文文〔2019〕128号)，明确了活动的组织领导、基本原则、工作机制和有关要求。文化馆负责招募人才、审核作品、提升培训、策划活动方案，以此解决顶层设计问题，为"山水舞台"的长足发展奠定了基础。

第二，媒体参与。坚持"政府倡导、社会支持、百姓参与、媒体互动"的思路，联合各级各界共同搭建活动平台。邀请电视台、纸媒、自由媒体人、自由作家等报道山水舞台的活动，发表真实活动体验，提高舞台知名度，强力提升活动影响力。

第三，扩充效能。文成县不仅充分运用"山水舞台"服务于民，并且将这一品牌活动拓展延伸，着力发现、培育、宣传优秀人才、社会组织和基层阵地，建立起示范带动机制。通过微信、抖音等活动平台，吸引着文成县的艺术梦想者，提供文艺团体锻炼机会，造就了一批文艺爱好者和优秀人才。

三、创新亮点

历史经验证明，文化不仅是历史文明的产物，也可转化为资本和经济、社会的产出，从而为城市发展服务。上海交通大学城市科学研究院院长刘士林认为，城市一开始就是文化的集聚，其本质在于提供一种有意义、有价值的生活方式。山水舞台的出现，正是提供了一种新的生活方式，为文成这座迈步发展的旅游城市注入了独特的基因。"山水舞台"项目是一个系统工程，特点可以用四个"全"字来概括。

第一，全民参与。在活动开始之初，文成县文化馆开展了以"只要你有才，山水舞台等你来"为主题的海选活动，以声乐、戏曲、民间艺术等艺术类型为主，面向全县公开选拔艺术人才，报名者通过专家评审后入选演艺人才库，并与文化和广电旅游体育局签约，获得相应的演出机会。从这个意义上说，只要你愿意，每一个人都是"山水舞台"的主体。

第二，全程提升。为了提高"山水舞台"的演出质量，文成县文化馆针对入选人员各种不同的特长，组织专业干部开展培训辅导，提高草根"民星"的艺术修养，使文艺骨干在参与活动的过程中自我成长、自我提高。

第三，全域服务。为了让更多的老百姓零距离享受到公共文化服务，文成县创造性地把演出场地搬到了老百姓的身边，只要是老百姓便利的地方，只要是老百姓集聚的地方，就是他们的演出舞台。拉一块横幅、圈一个场地、打几个简易灯光，演出就开始了。每一个地方都可以演出，每一个人都可以成为演员，山水舞台让草根梦想成真。

第四，全新思维。文成县是一个山区县，2020年以前还是全省不通高速公路的两个县之一，老百姓享受高质量文化服务的难度比较大。"山水舞台"的意义，不仅仅在于把舞台搬到老百姓身边，更在于服务理念的改变——老百姓在哪里服务就在哪里。让公共文化产品走出象牙塔，为老百姓提供高质量贴人心的公共服务，是公共文化的生命力所在。

四、取得成效

"山水舞台"通过政府购买服务的手段，征集第一批艺术团体或个人47组，组成山水舞台艺人库，审核50余个作品。从2020年1月1日开始，已在闹市区、文化广场等地开展各类活动10场，服务群众2000余人次，走出了一条群众参与、社会认可、文艺繁荣的新路子。

随着物质资源的丰富，群众越来越多地产生公平享受公共文化的强烈愿望，产生把自己的"多才多艺"展示在众人面前的渴望。文成"山水舞台"牢牢把握"群众"二字，在传播上贴近群众，在表现形式上以群众喜

"山水舞台"文艺演出

好为标尺，在场地上坚持哪里有群众哪里就是"舞台"的原则，极大地满足了群众求知、求美、求乐的需求。相信在长久持续的开展中，"山水舞台"会成为文成县风景线之一，在繁荣本土文化的同时，化成独特的文化印记，对游客产生吸引力。

（文成县文化馆）

瑞安打造"1+X展示"街区文化旅游新地标

一、项目背景

瑞安是一座具有约 1800 年历史的千年古县，底蕴深厚，人文荟萃，名人辈出，市域内留存着大量优秀的文化遗产。公园路原名"忠义街"，因纪念瑞安历史上首位县令蔡则敬为瑞安做出的卓越贡献，建有忠义庙而得名，中华人民共和国成立后改名为公园路。忠义街位于瑞安市城区东侧，东西长约 450 米，原是清朝和民国时期达官显贵的官邸府衙聚集之处，范围内有玉海楼、利济医学堂、心兰书社、林庆云宅等国家、省级文物保护单位以及文物点 10 余处，还积聚着大量优秀民居。

2018 年，瑞安市文化广电新闻出版局启动忠义街历史文化创意街区建设，结合创新理念，探索"1+X"模式，将忠义街融入示范区创建，整合优势规划发展，融合文化基础设施建设，组织协调，形成合力，通过"1 条街+N 个业态"的模式，全面改造提升忠义街历史文化创意街区，将其打造成集传统文化展示、观光游览、情景体验、人文怀旧游憩为一体的瑞安文旅新地标。

二、主要做法

忠义街作为瑞安优秀文化遗产的聚集中心，是瑞安文脉所在地，蕴藏着深厚的瑞安记忆，具有很高的文化价值和现实意义。在建设过程中，既要做到保护好各级文物，维护好原生态，又要根据时代要求继承发展，让文物"活"起来，可谓熊掌与鱼都要兼得，建设理念不管偏向哪一方，必将造成不可挽救的深远影响。瑞安市文化广电新闻出版局经过慎重思考、综合考证和科学评估，启动忠义街历史文化创意街区建设，主要做法有以下几点：

（一）注入工匠精神，恢复建筑原始面貌

在尊重历史文化的基础上，对街区内历史文化建筑进行产权置换、修缮再利用，如对林庆云宅进行重新规划，将其打造成瓯风园，让瓯风社员雅集之所重现；针对历史悠久但又遭到不同程度破坏的孙氏老宅等古建筑，在主体和体现建筑核心价值的部分坚持原貌维修，在附属部分局部采用结构托换的方式进行修缮，做到尽可能多地保留原状原物，找出历史原脉、恢复历史原貌。

忠义街

（二）植入业态发展，营造历史文化氛围

将"1条街+X个业态"理念融入其中，让业态发展带动街区繁荣。融合"尝美食+购土产"理念，聚集瑞安特色名吃、土特产，打造美食商业一条街。瑞安市木活字印刷技艺、瑞安鼓词、蓝夹缬、李大同传统茶食等具有瑞安特色的非遗项目已经进驻街区，全力拉动了历史文化街区的有机更新与持续发展。同时，通过"1条街+X个业态"的发展模式，对一些闲置店面进行了文化业态引导。同时，将原伞厂拆建，采用民国建筑风格装修，打造成为文化创意工坊。以文化创意融入传统、时尚、现代为理念，以单层中小面积商铺建设高文化名人、名匠集聚地，打造一个以传统文化为载体、以创意为核心，集展示、生产、制作、消费于一体的瑞安新型文化创意产业功能区。大力支持私人博物馆设立，促进文化多元化发展。

心兰书社

（三）融入公共服务，打造城市文化客厅

将原医药公司拆建，采用"后现代+中式元素"的风格进行整体改造，建设成为非遗文化展示体验馆，成为全市非遗项目集中展示、展览、体验、欣赏等活动的场所，增强了广大市民对非遗文化的了解和认识，并将其纳入旅游项目，开发生产性非遗项目商品，最终实现保护、继承和发展的共赢。同时，将忠义街作为城市书房和文化驿站建设的首发阵地，玉海楼、心兰书社两处城市书房和桐乐文化驿站对外免费开放，书房恢复了其原有的藏书、借书功能，让文物保护单位重新飘满书香，其中，心兰书社藏书3000余册，服务对象倾向于中老年人，玉海楼藏书2000余册，服务对象倾向于青少年。桐乐文化驿站开创了独有的活动形式，每月开展一次文化驿站活动，丰富了活动内涵。另外，将瑞安鼓词馆镶嵌在忠义街，每周邀请鼓词名家定期为市民表演，鼓词馆已成为老城区一处人气十足的公共文化服务打卡点，赢得了社会各界的高度评价。

桐乐文化驿站

三、创新亮点

通过对忠义街历史文化创意街区改造，让忠义街成为集瑞安城市文脉体现地、历史记忆唤醒器、文化产业催化剂、公共文化服务打卡点于一身的城市客厅。

（一）唤醒历史记忆

随着城镇化进程的快速推进，除了各级文物保护单位需进行必要的修缮外，大量优秀民居因历史原因划归私人所有并入住，得不到科学维护和及时维修，出现破败现象，人为破坏严重。随着时间的推移，必将导致历史记忆湮没。通过历史文化创意街区改造，一方面对原有各级文物保护单位进行重新修缮，让文物重新焕发活力；另一方面通过政府收购，大量优秀民居得到维修，起死回生。通过整个街区的设施改造、景观小品构建和环境美化，忠义街重新呈现历史风貌，唤醒了市民的历史记忆，使市民提升了城市认同感，增强了市民凝聚力。

（二）推进文化业态发展

在街区改造前，忠义街没有主导经营行业引领，整条街区经营行业混乱，有房产中介，有水果店，有打印店，有服装店。通过历史文化创意街区改造，迁出与文化行业不符的经营实体，引入非遗生产保护性项目，打造文化创意工坊，整顿相关文化产业经营体，形成了主题突出、文化元素明显的文化生态，逐渐吸引区域外文化产业经营体相继入驻，使忠义街成为瑞城的一道亮丽风景线、旅游目的地，从而推进了文化产业发展，促进了旅游经济增长。

（三）丰富公共文化服务供给

仅仅由玉海楼、利济医学堂、心兰书社所提供的单一参观功能，既不能丰富辖区市民的精神文化生活，又不能满足外地游客旅游的需求。白天人群混杂，晚上一片沉寂，这是街区改造前的真实写照。而通过历史文化创意街区改造，增设玉海楼、心兰书社两处城市书房，续写了其历史功能，使匆忙的脚步停歇下来，让心灵寻一分宁静；新建瑞安非遗馆，实现空间内外集中展示瑞安非遗项目，增进游客了解瑞安故事；新置了鼓词馆，定期进行展演，伴随着悠扬的牛筋琴声、响亮的牛皮鼓声，浓厚的瑞安腔韵唱尽了帝王将相、忠良奸佞、才子佳人、故事传奇，圈粉无数。另外，在忠义街历史文化创意街区还设有视觉艺术展示室、叶茂钱私人收集馆，兼具展、游、演、阅等公共文化服务基本功能，所有公共文化服务场所全部免费开放，丰富的公共文化服务供给极大地满足了市民的精神文化需求。

忠义街历史文化创意街区民俗表演

四、取得成效

以点促线，以线带面，形成以公园路历史文化创意街区为点，以周边邮北路、解放路、虹桥中路、环城西路为线，辐射带动了整个老城区面上品质的提升。忠义街历史文化创意街区的成功改造，为瑞安市增加了一处可游、可憩、可购且有温度、可漫步、可阅读的城市文化客厅，增进了市民以及外地游客对瑞安历史的了解，提升了瑞安文化影响力，促进了文化商圈辐射力，扩大了城市知名度，提升了城市品质，增强了市民的认同感和凝聚力。通过丰富的公共文化供给，极大地满足广大市民的精神文化需求，实现了人民群众对美好生活的向往。同时，为创建国家历史文化名城，打造5A级景区，做大做强瑞安文化旅游产业奠定了扎实的基础，为瑞安经济社会发展创造了新的经济增长点。

（瑞安市文化和广电旅游体育局）